महान् राष्ट्रवादी
दादाभाई नौरोजी

महान् राष्ट्रवादी

दादाभाई नौरोजी

प्रखर कुंदन

ISO 9001:2008 GVE ज्ञान विज्ञान एजूकेयर

प्रकाशक • **ज्ञान विज्ञान एजूकेयर**
3639, प्रथम तल
नेताजी सुभाष मार्ग, दरियागंज
नई दिल्ली–110002

संस्करण • 2023
मूल्य • चार सौ रुपए
मुद्रक • नरुला प्रिंटर्स, दिल्ली

Mahan Rashtravadi DADABHAI NAUROJI
by Shri Prakhar Kundan ₹ 400.00
Published by GYAN VIGYAN EDUCARE
3639 Netaji Subhash Marg, Darya Ganj, New Delhi-110002
ISBN 978-93-84344-61-0

लेखकीय

'द ग्रैंडमैन ऑफ इंडिया' के नाम से विख्यात दादाभाई नौरोजी ऐसे व्यक्तित्व के धनी थे कि जो भी उनके संपर्क में आता, वह उनसे प्रभावित हुए बिना न रहता था। यह कहना अप्रासंगिक न होगा कि वे एक साधारण परिवार में जन्मे असाधारण व्यक्ति थे।

जब दादाभाई ने किशोरावस्था की ओर कदम बढ़ाए तो उनके सिर से पिता का साया छिन गया। उनके छोटे से परिवार पर विपत्तियों का पहाड़ टूट पड़ा। उनके घर की आर्थिक स्थित अत्यंत कमजोर थी, लेकिन उनकी माता ने संकल्प लिया कि वे अपने पुत्र को शिक्षा से वंचित न रहने देंगी। माता के संकल्प और अपने कठोर परिश्रम से दादाभाई ने उच्च शिक्षा प्राप्त की। इसी दौरान वे कुछ अंग्रेज सुविज्ञजनों के संपर्क में आए, जिन्होंने उनका उचित मार्गदर्शन किया।

दादाभाई ने न केवल एक शिक्षाविद् के रूप में, बल्कि एक समाजसुधारक के रूप में भी कार्य किया। उन्होंने भारतीयों के हितों और अधिकारों की आवाज ब्रिटेन की संसद् में भी उठाई। यही नहीं, बल्कि वे ऐसे प्रथम भारतीय भी बने, जिन्हें ब्रिटेन की लोकसभा का सदस्य चुना गया। यह दादाभाई के व्यक्तित्व का ही प्रभाव था कि भारतीय ही नहीं, बल्कि अंग्रेज भी उनका बहुत सम्मान किया करते थे। यही कारण था कि उनकी बात को बड़ी गंभीरता से सुना जाता और व्यवहार में लाया जाता था।

दादाभाई नौरोजी ही वे पहले व्यक्ति थे, जिन्होंने 'स्वराज्य' का नारा

देकर स्वशासन की माँग की थी। कांग्रेस के अधिवेशन की अध्यक्षता करते हुए उन्होंने कहा था, "अब समय आ गया है कि जब हमें इस बात पर विचार करना चाहिए कि हम ब्रिटिश राज्य के नागरिक हैं अथवा नहीं। भारत में ब्रिटिश शासन है और इस नियम से हम भी आजाद ब्रिटिश नागरिक हैं। सरकार को या तो हमारा ब्रिटिश नागरिक होना स्वीकार करके शासन में, कम-से-कम भारतीय शासन में हमारी भागीदारी सुनिश्चित करनी चाहिए अथवा इस आशय का, कि हम केवल ब्रिटिश शासन के गुलाम हैं, अपना दृष्टिकोण स्पष्ट कर देना चाहिए; जिससे विश्व समुदाय यह तो जान सके कि भारत में उठ रहे विद्रोह ब्रिटिश सरकार की साम्राज्यवादी मानसिकता का परिणाम हैं। यह संपूर्ण स्थिति केवल एक ही शब्द में परिभाषित की जा सकती है और यह शब्द है—स्वराज्य!"

दादाभाई ही वे पहले व्यक्ति थे, जिन्होंने अपनी विलक्षण योग्यता से भारत में प्रति व्यक्ति आय का आकलन किया और संपन्न भारत के गरीब भारतीयों की दयनीय दशा स्पष्ट करते हुए सरकार के शोषण की पोल खोली।

प्रस्तुत पुस्तक 'महान् राष्ट्रवादी दादाभाई नौरोजी' में उनके जीवन से जुड़ी महत्त्वपूर्ण घटनाओं और तथ्यों को सरस एवं सरल भाषा शैली में प्रस्तुत किया गया है। मुझे आशा ही नहीं, बल्कि पूर्ण विश्वास है कि यह पुस्तक सभी वर्ग के पाठकों के लिए उपयोगी सिद्ध होगी।

—प्रखर कुंदन

अनुक्रम

जन्म एवं बाल्यकाल

भारत का स्वाधीनता संग्राम विश्व-क्रांतियों के इतिहास में श्रेष्ठ क्रांतियों में गिना जाता है, जिसके मूल में अहिंसा का ऐसा दृढ आधार रहा है कि साम्राज्यवादी ब्रिटेन को इसके सामने झुकना पड़ा। इस अहिंसा मूलक चेतना में भारत के महान् विद्वानों का प्रयास सराहनीय रहा, जो मानवीय अधिकारों के आधार पर ब्रिटिश सरकार को सोचने पर विवश कर सका। साम्राज्यवादी सरकारों की सदैव यही नीति रही है कि वे अपने उपनिवेशों को 'सोने का अंडा देनेवाली मुरगी' समझती रही हैं। भारत पर अपना साम्राज्य स्थापित कर चुकी ब्रिटिश सरकार भी इसका अपवाद नहीं रही, बल्कि सच तो यह है कि इस साम्राज्यशाही ने जितना शोषण और दोहन भारत का किया है, वैसा शायद ही कहीं हुआ है। सर्वसंपन्न भारत को लूटने में ब्रिटिश हुक्मरानों ने छल, छद्म और भेद का सहारा लिया। भारतीय जनमानस पर हुए इन अत्याचारों से सारे विश्व को, विशेषकर ब्रिटेनवासियों को अवगत कराने का महान् कार्य करनेवाले देश के प्रकांड विद्वानों ने मानवीय आधार पर इस साम्राज्यशाही के खिलाफ अधिकार-युद्ध लड़ा और इतिहास में अपना नाम अमर कर गए।

भारत का स्वतंत्रता संग्राम ब्रिटिश साम्राज्य के विरुद्ध लड़ा गया और इसकी रणभूमि भारत की धरती ही थी, लेकिन स्वाधीनता के कुछ पुरोधाओं ने इस महान् उद्देश्य का समरांगण ब्रिटेन को भी बना दिया। इन पुरोधा विद्वानों में एक नाम सबसे ऊपर आता है, जो दादाभाई नौरोजी का है। उन्होंने अहिंसा के मार्ग पर चलते हुए बौद्धिक-उग्रता दिखाकर ब्रिटेनवासियों को

उनकी उस सरकार का वीभत्स रूप दिखाया, जो बड़ी क्रूरता से मानवता का शोषण कर रही थी।

दादाभाई नौरोजी के अथक प्रयासों से जो समर्थन मिला, उसने ही ब्रिटिश सरकार को भारत में कई सुधार करने के लिए विवश किया। यह एक महान् उपलब्धि थी। एक अड़ियल, निरंकुश और निर्दयी सत्ता की यह विवशता अपने आप में अद्‌भुत थी, जिसका सारा श्रेय दादाभाई नौरोजी को जाता है। इन्हीं दादाभाई नौरोजी को 'भारत के पितामह' की उपाधि से नवाजा गया। इस वयोवृद्ध पुरुष ने अपना संपूर्ण जीवन भारतवासियों के हितार्थ अर्पण कर दिया। स्वतंत्रता के मार्ग को प्रशस्त करनेवाले दादाभाई नौरोजी ने उस साम्राज्य को अपनी त्रुटियाँ मानने पर विवश कर दिया, जो स्वयं को सर्वगुण-संपन्न समझता था। उसके कुशासन की पोल और न्यायप्रियता के पाखंड का भंडाफोड़ करना इतना सरल कार्य नहीं था और वह भी उसके ही घर इंग्लैंड में जाकर, लेकिन दादाभाई ने अपनी अद्वितीय बौद्धिक-क्षमता से यह कार्य सफलतापूर्वक किया। वे अपनी ठोस दलीलों से भारत में ब्रिटिश अधिकारी वर्ग के अमानवीयता भरे व्यवहार को सामने लाए और उसका क्रूरतम चेहरा सबको दिखाया।

स्वतंत्रता के मार्गदर्शक कहे जानेवाले दादाभाई नौरोजी का जन्म एक साधारण पारसी परिवार में हुआ था। यह पारसी परिवार पूर्व में बड़ौदा राज्य के नवसारी कस्बे का रहनेवाला था। इसी परिवार के नौरोजी पालनजी दोरडी बड़ौदा से चलकर मुंबई आ गए और खदक नामक एक छोटे से कस्बे में रहने लगे। उन्होंने अपने जीविकोपार्जन का माध्यम अपनी धार्मिक योग्यता को बनाया और पुजारी बन गए। इन्हीं नौरोजी पालनजी दोरडी की पत्नी श्रीमती माणिकबाई के गर्भ से 4 सितंबर, 1825 को एक शिशु ने जन्म लिया। उस समय देश की स्थिति बड़ी ही शोचनीय थी और दासता की बेड़ियों में छटपटाती भारतमाता मुक्ति के लिए संघर्षरत थी। ऐसे विकट समय में दादाभाई का जन्म हुआ तो किसी ने सोचा भी नहीं था कि यह शिशु आगे चलकर भारत की स्वतंत्रता का प्रखर-मार्गदर्शक बनेगा।

दादाभाई को जन्म से ही धार्मिक वातावरण मिला। जहाँ उनके पिता

पुजारी थे और समाज में उनका बहुत आदर-सम्मान था, वहीं माता माणिकबाई भी धार्मिक विचारों की महिला थीं। यद्यपि वे अशिक्षित थीं, लेकिन उनके अनुभव और आस्था का लाभ हमेशा दादाभाई को मिला। माता ने अपने पुत्र का पालन-पोषण अपनी पारिवारिक परंपराओं के अनुसार किया। घर की अधिक आय तो नहीं थी, फिर भी जीवन-निर्वाह भलीभाँति हो रहा था। नौरोजी पालनजी दोरडी पुरोहिती करके अपने छोटे से परिवार का भरण-पोषण कर रहे थे। शिशु दादाभाई किलकारियों से अपने माता-पिता को प्रफुल्लित करते रहते थे। जब वे तीन वर्ष के हुए तो अपनी माता का अनुसरण करते हुए पूजा आदि में सम्मिलित होने लगे थे। इससे माता बहुत प्रसन्न होती थीं। इतनी छोटी आयु में ईश्वर के प्रति आकर्षित हो जाना एक शुभ-संकेत था। पति-पत्नी प्राय: इस संबंध में बातचीत करते।

"बाई! अपना मुन्ना बहुत ज्ञानी है।" नौरोजी पुलकित होकर कहते, "मैंने कई बार देखा कि जब मैं प्रार्थना करता हूँ तो वह भी आँखें बंद करके प्रार्थना करता है।"

"जी, मेरे साथ भी वह पूजा में बहुत देर तक बैठा रहता है।"

"इससे तो यही लगता है कि वह भी मेरी ही तरह पुरोहित बनेगा। मैं चाहता हूँ कि वह प्रकांड विद्वान् बनकर धर्मभावना को समाज में बनाए रखे।"

"लगता तो मुझे भी यही है। अब थोड़ा और बड़ा हो जाए तो आप इसे विधिवत् सारा काम सिखाते रहिए। देख लेना, एक दिन वह आपसे भी बड़ा पुरोहित बनेगा।"

"मैं भी यही चाहता हूँ। मेरा बेटा मुझसे भी अधिक योग्य पुजारी बने और सारे देश में हमारे परिवार का नाम रोशन करे।"

नौरोजी दंपती की यह इच्छा पूरी तो अवश्य हुई, दादाभाई पुजारी बने, लेकिन भारत की स्वतंत्रता के। उन्होंने धार्मिक क्रियाविधि तो नहीं की, लेकिन अपनी बुद्धिमत्ता से आजादी का मंत्र अवश्य पढ़ा।

माता-पिता अपने नौनिहाल के सुखद भविष्य की कामना करते हुए बड़े प्रफुल्लित रहते थे और दादाभाई अपनी बालसुलभ चंचलताओं से उन्हें और

भी प्रफुल्लित करते रहते थे, लेकिन होनी को कुछ और ही स्वीकार था। इस छोटे से परिवार पर अनहोनी की दृष्टि पड़ी और अपार कष्टों का पहाड़ माणिकबाई के सिर पर टूट पड़ा। जब दादाभाई चार वर्ष के थे, तब नौरोजी पालनजी दोरडी का आकस्मिक निधन हो गया। दादाभाई इस आघात पर बस अपनी माता को विलाप करते देख रहे थे। वे समझ नहीं पा रहे थे कि सदैव प्रसन्न रहनेवाली उनकी माता आज किस कारण से इतना रो रही थीं। इस आघात से माणिकबाई जैसे टूट ही गईं। पति के बाद का अंधकारपूर्ण भविष्य उन्हें दहला रहा था। अपने अबोध बेटे की ओर देखकर उन्हें और अधिक रोना आ जाता। आखिर वे कब तक रोतीं! इतना वे जानती थीं कि मृत्यु जीवन का कठोर सत्य है और इसे सभी को स्वीकार करना पड़ता है।

दिन गुजरने लगे। जब कभी दादाभाई अपनी माता से पिता के बारे में प्रश्न करते तो उनकी माता उन्हें अंकपाश में भींचकर अपने हृदय से लगा लेतीं। अब उनके सामने एक बड़ा प्रश्न यह था कि वे किस प्रकार अपने बेटे को एक सुरक्षित भविष्य दे सकेंगी। वे स्वयं अशिक्षित थीं और घर की आर्थिक स्थिति भी अत्यंत साधारण थी। आय का कोई स्रोत न रह जाए तो मजबूत आर्थिक स्थिति भी डगमगा जाती है, जबकि वे तो पहले से ही निर्धन थे।

ऐसे कठिन समय में माता माणिकबाई ने असीम धैर्य का परिचय दिया। उन्होंने निर्णय लिया कि चाहे उन्हें कितना भी कठिन परिश्रम क्यों न करना पड़े, लेकिन वे अपने बेटे को पढ़ाएँगी अवश्य। इतना अनुभव तो उन्हें हो ही चुका था कि अब शिक्षा ही एकमात्र ऐसा मार्ग था, जिस पर चलकर उनके बेटे का भविष्य सुरक्षित हो सकता था। उन्होंने दादाभाई को पुजारी बनाने की अपेक्षा स्कूल में भेजना अधिक ठीक समझा और स्वयं संकल्पबद्ध हो गईं कि भले ही कितना भी परिश्रम करना पड़े, लेकिन अपने उद्देश्य से पीछे नही हटेंगी।

उस समय भारत में शिक्षा की स्थिति बड़ी दयनीय थी। ब्रिटिश सरकार नहीं चाहती थी कि भारत की जनता शिक्षित हो और उसके सामने अपने हितों व अधिकारों के लिए आवाज उठाए। कहीं भी प्राथमिक शिक्षा के लिए कोई उचित व्यवस्था नहीं थी। भारतीय समाज में पढ़नेवालों की संख्या बहुत

कम थी और साधन-संपन्न लोग ही अपनी संतानों को पढ़ाते थे। सरकार के स्तर पर कोई सुविधा नहीं थी। सरकारी स्कूलों में अंग्रेजी माध्यम से पढ़ाई होती थी और उनमें प्रवेश पाना सरल नहीं था। ऐसे में दादाभाई की शिक्षा का प्रश्न मुँह बाए खड़ा था। कोई मार्ग नहीं सूझ रहा था। बेचारी माणिकबाई बड़ी परेशान थीं कि वे किस प्रकार अपने बेटे की शिक्षा की व्यवस्था करें। इस विपत्ति में उन्हें एक सहृदयी सज्जन का सहारा मिला।

सदैव से ही मानव-समाज में सहृदयी सज्जन पुरुष होते आए हैं, जो जाति, धर्म और वर्ण से ऊपर से उठकर मानवता की सेवा को ही सर्वोच्च समझते रहे हैं। अंग्रजों में भी ऐसे सज्जनों की कोई कमी नहीं रही है। एक ओर भारत पर शासन करते कुछ अंग्रेज भारतीयों के प्रति संवेदना से कोरे थे तो दूसरी ओर कुछ ऐसे भी लोग थे, जो प्रत्येक व्यक्ति को समान अधिकार देने के पक्षधर थे। अंग्रेजों में ऐसे ही एक सज्जन तत्कालीन बंबई के गवर्नर श्री माउंट स्टुअर्ट एलफिंस्टन थे, जो यह सोचते थे कि शिक्षा प्रत्येक के लिए आवश्यक है, फिर चाहे वह अंग्रेज हो या भारतीय। कंपनी सरकार भारतीयों को शिक्षा देंने से घबराती थी, क्योंकि उसे शिक्षा से होनेवाली जागृति से डर लगता था, जबकि गवर्नर एलफिंस्टन की सोच इससे अलग थी। वे शिक्षा को एक सुशिक्षित मानव-समाज का माध्यम मानते थे।

शिक्षा संबंधी इस विचारधारा को स्टुअर्ट एलफिंस्टन ने मूर्तरूप दिया। उन्होंने 'नेटिव एजुकेशन सोसाइटी' नाम की एक शिक्षण-संस्था का गठन किया। इस संस्था को क्रियाशील करने में उन्हें अनेक कठिनाइयों का सामना करना पड़ा। उनकी अपनी ही सरकार इसका विरोध कर रही थी, लेकिन गवर्नर ने अपने भरसक प्रयासों से वह कार्य संपन्न किया। दूसरी बात यह कि भारत में शिक्षा के प्रति लोगों में चेतना की कमी थी, जिसके लिए एलफिंस्टन ने कुछ भारतीय समाज-सुधारकों से सहयोग माँगा। एक अध्यापक श्री मेहताजी ने इस संबंध में गवर्नर को सहयोग ही नहीं दिया, बल्कि उनके इस कार्य की बहुत सराहना भी की।

सोसाइटी ने हिंदी और अंग्रेजी दोनों माध्यमों से शिक्षा देने का कार्य

आरंभ किया। मेहताजी हिंदी माध्यम व अन्य क्षेत्रीय भाषाओं को पढ़ाने का दायित्व लेकर प्रयासरत हुए। उन्होंने घर-घर जाकर लोगों को समझाया और बच्चों को पढ़ने के लिए प्रेरित किया। शिक्षा नि:शुल्क थी, फिर भी दबे-कुचले भयभीत भारतीय जाग्रत् नहीं हो रहे थे। जब मेहताजी ने अपने पुत्र को उस विद्यालय में भेजना शुरू किया तो इसका अच्छा प्रभाव पड़ा। माणिकबाई ने भी मेहताजी के समझाने पर दादाभाई को उसी विद्यालय में भेजना शुरू कर दिया। अब गवर्नर एलफिंस्टन का प्रयास फलीभूत होने लगा। दादाभाई ऐसे विद्यार्थी रहे, जो अंग्रेजी और हिंदी दोनों ही भाषाओं में रुचि रखते थे। मेहताजी ने उनकी प्रतिभा को पहचाना और वे उन पर विशेष ध्यान देने लगे। दादाभाई ने बड़ी लगन से प्रारंभिक शिक्षा पूरी की। विद्यालय के शिक्षक उनकी प्रतिभा देखकर अत्यंत प्रसन्न होते थे। दादाभाई की स्मरणशक्ति और वाणी-प्रवाह उन्हें अन्य छात्रों से अलग करते थे।

भारत की आशा

पराधीन भारतीय समाज में कुछ ऐसे अवरोध भी थे, जो शिक्षा और कैरिअर को स्पष्ट प्रभावित करते थे और विरले ही इन अवरोधों से टकराते हुए अपने आपको सिद्ध कर पाते थे। दादाभाई भी उन्हीं में से एक थे। उस समय की सामाजिक मानसिकता के अनुसार दादाभाई का विवाह केवल ग्यारह वर्ष की अवस्था में ही कर दिया गया था। जिस कन्या से अनका विवाह संपन्न हुआ था, उसका नाम गुलबाई था और उस समय गुलबाई की आयु केवल सात वर्ष थी। बाल-विवाह की यह कुप्रथा एक प्रकार से शिक्षा और कैरिअर की राह में अवरोध ही थी, लेकिन दादाभाई ने अर्जुन की भाँति अपने लक्ष्य पर दृष्टि लगाए रखी।

दादाभाई की प्रारंभिक शिक्षा पूर्ण हुई। अब आगे की पढ़ाई के लिए समस्या खड़ी हो गई, लेकिन भगवान् को जैसे अपनी इस महान् कृति पर कृपा बनाए रखनी थी। उसी समय गवर्नर एलफिंस्टन ने कंपनी सरकार से हुए कुछ मतभेदों के कारण अपने पद से इस्तीफा दे दिया। उस समय तक एलफिंस्टन

अपने कार्यों से बहुत प्रसिद्धि और सम्मान पा चुके थे। भारी संख्या में लोगों ने गवर्नर की विदाई को यादगार बनाने का निर्णय लिया और बंबई में एक कॉलेज की स्थापना की, जिसका नाम 'एलफिंस्टन कॉलेज' रखा गया। इस कॉलेज में उच्च शिक्षा की समुचित व्यवस्था की गई। भारतीय विद्यार्थियों को इस कॉलेज में यूरोपीय भाषाओं के साथ साहित्य, विज्ञान और दर्शन-शास्त्र पढ़ाने की भी व्यवस्था थी।

एलफिंस्टन कॉलेज में प्रवेश के लिए कुछ आवश्यक नियम बनाए गए थे। प्रतिभासंपन्न और योग्य विद्यार्थियों को प्रवेश देने के लिए बौद्धिक परीक्षा अनिवार्य कर दी गई थी। मेहताजी के सहयोग से दादाभाई को इस परीक्षा में सम्मिलित होने का अवसर मिल गया। दादाभाई ने सफलता प्राप्त की और एलफिंस्टन कॉलेज के सबसे योग्य विद्यार्थी बने। उनकी शिक्षा के प्रति रुचि और समर्पण अद्‌भुत थे। वे अत्यंत प्रतिभाशाली विद्यार्थी के रूप में उभरे।

एलफिंस्टन कॉलेज तत्कालीन भारत का पहला उच्च शिक्षा का केंद्र था। दादाभाई ने इस कॉलेज में शिक्षा पूर्ण की तो कॉलेज का समूचा शिक्षक-समुदाय हर्षित था। दादाभाई केवल पढ़ाकू ही नहीं थे, बल्कि उन्हें लगभग हर विषय का गहरा ज्ञान था। सामाजिक, राजनैतिक, आर्थिक आदि सभी विषयों पर उनकी वाणी मुखर होती थी। कॉलेज के सभी विद्यार्थी उनका सम्मान करते थे। दादाभाई कॉलेज में होनेवाले प्रत्येक सांस्कृतिक कार्यक्रम में आगे रहते थे और सभी विषयों का प्रतिनिधित्व करते थे। कॉलेज के प्रोफेसर आर्लेवर उनकी योग्यता और विद्वत्ता से बहुत प्रभावित थे। वे दादाभाई की प्रशंसा करते नहीं थकते थे।

प्रोफेसर आर्लेवर जिससे भी मिलते, उसी से दादाभाई की प्रशंसा करना न भूलते। कोई भी विषय हो या कैसी भी शंका हो, प्रोफेसर आर्लेवर सबको यही सुझाव देते कि इस संबंध में दादाभाई से विचार-विमर्श करना चाहिए।

"प्रोफेसर साहब!" एक दिन एक सहकर्मी प्रोफेसर ने कहा, "आप दादाभाई की बहुत प्रशंसा करते हैं, लेकिन हमें तो वह कॉलेज के अन्य विद्यार्थियों की तरह ही दिखता है। ये हमारे ही प्रयास तो हैं, जो शिक्षा के क्षेत्र में इस देश के विद्यार्थी भी हमारे देश ब्रिटेन जैसी शिक्षा प्राप्त करते हैं।"

"प्रोफेसर!" प्रोफेसर आर्लेवर गंभीरता से बोले, "संसार में कहीं भी प्रतिभाओं की कमी नहीं रहती और यहाँ भारत में तो बिलकुल नहीं। यह ठीक है कि हम इस देश पर शासन करते हैं, लेकिन हमें यह नहीं सोचना चाहिए कि हम ही इस देश के भाग्यविधाता हैं। शासन-पद्धति के नियमों के अनुसार शासक को चाहिए कि वह उन लोगों को वे सभी आधारभूत सुविधाएँ उपलब्ध कराए, जिससे उस समाज की प्रगति हो सके, जिस पर वह शासन करता है। दादाभाई जैसे कुशाग्र-बुद्धि के व्यक्तित्व संपूर्ण समाज की धरोहर होते हैं और उन पर सबका समान अधिकार होता है।"

"प्रोफेसर साहब! आप कुछ अधिक ही भारतीयता दिखा रहे हैं। यही गलती गवर्नर साहब ने भी की और वे हाईकमान का कोपभाजन बने। यदि भारत पर हमें अपना शासन बनाए रखना है तो उसके प्रति इतनी दयालुता ठीक नहीं है।"

"यह आपकी सोच है, जो पूरी तरह से स्वार्थपरक है। इसमें मानवता का तो जरा भी समावेश नहीं है, जो कि होना चाहिए। शिक्षा पर सबका अधिकार है और जो इसके अधिकारी होते हैं, वे किसी भी प्रकार अपना अधिकार प्राप्त कर लेते हैं। दादाभाई जैसे छात्र को हमारी दया की आवश्यकता नहीं है। देखना, एक दिन यही दादाभाई अपनी विद्वत्ता का सारे संसार में लोहा मनवाएगा। यह केवल दादाभाई नाम का कोई साधारण विद्यार्थी नहीं है, बल्कि 'भारत की आशा' है। वह इस सोए हुए महान् देश की अंतर्चेतना को झकझोरनेवाली 'आशा' है और इस 'आशा' पर मेरा दृढ विश्वास है।"

प्रोफेसर आर्लेवर का यह दृढ विश्वास सत्य ही था और इसे दादाभाई ने सिद्ध भी कर दिखाया। उन्होंने अपनी विद्वत्ता और प्रतिभा से भारत ही नहीं, बल्कि ब्रिटेन सहित विश्व भर में जो ख्याति प्राप्त की, वह दुर्लभ थी। देशहित में किए उनके प्रयासों और सफलताओं में उनकी अद्वितीय प्रतिभा की झलक स्पष्ट मिलती रही।

प्रोफेसर आर्लेवर ने जिस विश्वास से यह बात कही थी, वह निराधार नहीं थी। दादाभाई की प्रतिभा का सूर्य धीरे-धीरे अपनी छटा बिखेर रहा था। उनके व्यक्तित्व की विशेषता ही उनकी विद्वत्ता थी और नगर के विद्वानों में उनकी धाक

बढ़ती जा रही थी। उनकी धारा-प्रवाह वाणी जब किसी विषय का विश्लेषण करती तो सुननेवाले मंत्रमुग्ध हो जाते। आर्थिक विषय पर उनका ज्ञान अद्‌भुत था और वे वैश्विक अर्थव्यवस्था तक पर सटीक आँकड़े देते थे। यह उनकी अपनी शैली थी कि आर्थिक विवेचन में वे आँकड़ों पर विशेष ध्यान रखते थे। यही कारण था कि इससे उनके कथन में गलती ढूँढ़ पाना बहुत कठिन था। उनके विचारों में मानवीय अधिकारों की समानता की स्पष्ट झलक थी। उन्हें ब्रिटिश शासकों से नहीं, बल्कि उनकी नीतियों से कष्ट होता था। विश्व-स्तर पर ब्रिटिश सरकार की छवि न्यायवादी शासन की थी, लेकिन भारत में उसके अधिकारी इस छवि के विपरीत कार्य कर रहे थे। दादाभाई चाहते थे कि ब्रिटिश सरकार भारत में शासन भले ही करे, लेकिन उसे भारतीय समाज की संस्कृति और प्रगति पर भी पूरी निष्ठा से ध्यान देना चाहिए।

दादाभाई के वैचारिक गुण और विद्वत्ता से भारतीय विद्वान्-वर्ग ही नहीं, बल्कि अंग्रेज अधिकारी तक प्रभावित थे। जब उनकी शिक्षा समाप्त हुई तो बहुत से सुधीजन चाहते थे कि दादाभाई अभी अपनी पढ़ाई जारी रखें। इन शिक्षा के कद्रदानों में से बंबई के मुख्य न्यायाधीश सर अर्सकीन पेरी भी थे, जो दादाभाई की प्रतिभा के कायल थे। उन्होंने भी इस संबंध में दादाभाई से विचार-विमर्श किया।

"दादाभाई!" चीफ जस्टिस पेरी ने कहा, "तुम्हारी योग्यता और प्रतिभा से हम बहुत खुश हैं और इसमें कोई शक नहीं है कि तुम इस देश की आशा हो। हम चाहते हैं कि तुम अपनी पढ़ाई जारी रखो।"

"सर! आपका यह विश्वास मुझे अभिभूत कर रहा है।" दादाभाई ने विनम्रतापूर्वक कहा, "हमारे देश में शिक्षा में जो भी आंशिक सुधार हुआ है, वह आप जैसे सज्जनों के कारण ही हुआ है, जिसका उपकार हर विद्यार्थी मानेगा। आप लोगों ने वास्तव में सुशिक्षित समाज का अंग होने का प्रमाण दिया है, अन्यथा कंपनी सरकार की नीतियाँ तो देख ही रहे हैं।"

"यह घोर राजनैतिक और सत्तालोलुपता है, जिसमें अपनी भूमिका हम तय नहीं करते, बल्कि शासन करता है। हम तो मानव-समाज का अभिन्न अंग हैं और इस कारण उसके हित में जो भी बन पड़े, करने को तत्पर हैं।

हमने तुम्हारे बारे में जो सुना और अनुभव किया है, उसके आधार पर हम चाहते हैं कि तुम ब्रिटेन जाकर आगे की शिक्षा प्राप्त करो।''

दादाभाई शिक्षा का महत्त्व समझते थे और स्वयं उनकी इच्छा भी थी कि वे ब्रिटेन जाकर उच्च शिक्षा प्राप्त करें। उनकी इस इच्छा के पीछे दो कारण थे—एक, शिक्षा के प्रति लगाव और दूसरे, ब्रिटेन में जाकर ब्रिटिश लोगों को भारत की दशा के बारे में अवगत कराना। उनकी इस इच्छा की पूर्ति में एक अड़चन भी थी। ब्रिटेन में जाकर शिक्षा प्राप्त करना कोई सरल कार्य नहीं था। आर्थिक स्तर पर सशक्त धनवानों के बच्चे ही विलायत में पढ़ सकते थे। दादाभाई की आर्थिक स्थिति पहले से ही कमजोर थी। अभी तक तो उन्होंने निःशुल्क शिक्षा ही प्राप्त की थी, जो कि गवर्नर एलफिंस्टन, श्रीमेहता और प्रोफेसर आर्लेवार जैसे सज्जनों की कृपा से संभव हुई थी। अन्य खर्चों के लिए वे जानते ही थे कि उनकी माता किस प्रकार कठिन परिश्रम करके उनका खर्च उठा रही थीं।

''सर!'' दादाभाई गंभीरता से बोले, ''विलायत जाकर पढ़ने की मेरी भी इच्छा है, लेकिन आप जानते हैं कि मेरी आर्थिक स्थिति अच्छी नहीं है और आप यह भी जानते ही हैं कि वहाँ शिक्षा कितनी महँगी है।''

''दादाभाई! हम जानते हैं कि ब्रिटेन में शिक्षा बहुत महँगी है और तुम्हारी आर्थिक स्थिति भी ठीक नहीं है। अतः हम तुम्हारी कुछ सहायता करना चाहते हैं। इस शिक्षा में जो भी खर्च हो, उसका आधा हम वहन करेंगे।''

''सर! आपका यह उपकार मुझे सदैव याद रहेगा।'' दादाभाई का दिल भर आया, ''आपने यह कहकर मुझे अपना ऋणी बना लिया। मैं आपके इस प्रस्ताव पर अवश्य ही विचार करूँगा और मुझे अपनी माता से भी इस संबंध में राय लेनी होगी।''

''जरूर! धन्य है वह माता, जिसे तुम्हारे जैसा पुत्र मिला। हमें भारत की संस्कृति में यही बात तो सबसे अधिक आकर्षित करती है कि यहाँ संबंधों का उचित आदर किया जाता है। तुम अपनी माता से राय अवश्य लो।''

दादाभाई बहुत खुश थे। देश की ऐसी पराधीन स्थिति में ऐसी सहृदयता कहाँ देखने को मिलती है और वह भी एक अंग्रेज अधिकारी से। यह दादाभाई

की विद्वत्ता का ही प्रतिफल था, जो उन्हें ऐसा प्रस्ताव मिला। दादाभाई ने यह प्रस्ताव अपनी माता को बताया।

''बेटा! यह ईश्वर की ही कृपा है कि तुझे पिता के न होने पर पिता के समान मार्गदर्शन देनेवाले लोग मिलते रहे हैं। यही नहीं, उनकी सहायता से तू यहाँ तक पढ़ भी चुका है। अब तुझे वकालत पढ़ने का प्रस्ताव भी ईश्वर की ही कृपा से मिला है। मैं तो तेरे उज्ज्वल भविष्य की ही कामना करती हूँ, लेकिन एक माँ होने के नाते तुझे विलायत भेजने से डरती भी हूँ।''

''माँ! मैं जानता हूँ कि मेरे बाद आप यहाँ अकेली रह जाएँगी, लेकिन आप भी जानती हैं कि ऐसे अवसर बार-बार नहीं मिलते।''

''हाँ बेटा! यह बात भी है। मेरा तो सदा ही यह सपना था कि तू पढ़-लिखकर बड़ा व्यक्ति बने और अब, जब अवसर मिल रहा है तो मैं तेरा मार्ग नहीं रोकूँगी। तू विलायत जाकर अपनी वकालत की पढ़ाई पूरी कर।''

माता से अनुमति मिलने पर दादाभाई की खुशी का ठिकाना न रहा और इस संबंध में उन्होंने अपनी पत्नी गुलबाई को बताया। गुलबाई को प्रसन्नता तो हुई, लेकिन साथ ही वे उदास भी हो गईं।

''मैंने सुना है कि विलायत में जाकर पढ़नेवाले अकसर अपने परिवार को भूल जाते हैं और ईसाई बनकर दूसरा विवाह कर लेते हैं।'' गुलबाई ने अपनी आशंका प्रकट की।

''आशंका कुछ भी नहीं है। बस, यह भ्रामक प्रचार है, जो कुछ लोगों ने किया हुआ है।'' दादाभाई समझाते हुए बोले, ''और फिर क्या तुम्हें मुझ पर विश्वास नहीं है?''

''नहीं, ऐसी बात नहीं है। मुझे आप पर पूर्ण विश्वास है।''

दादाभाई को घर से सहमति तो मिल गई थी, लेकिन फिर एक और समस्या आ खड़ी हुई थी। पारसी-समाज के बुजुर्गों को जब इस बारे में पता चला तो सब घबरा गए। धर्मांतरण का भय उन्हें इतना अधिक था कि लोग जरा सी बात पर घबरा उठते थे। अतः समाज के कई बुजुर्ग दादाभाई के घर पहुँच गए।

''बेटा! हम तुम्हें विलायत नहीं जाने देंगे। हमारे पारसी समाज में एक

तुम ही तो योग्य और विद्वान् हो। हमें तुम्हारी बहुत आवश्यकता है। अंग्रेज तो कभी चाहते ही नहीं कि हमारे समाज में कोई विद्वान् बनकर पारसी-समाज का उत्थान करे।''

''काका! आप तो जानते हैं कि वकालत पढ़ने के बाद मैं आप लोगों की सेवा और भी अच्छे ढंग से कर सकूँगा।'' दादाभाई ने कहा।

''बेटा! ये अंग्रेज बड़े कपटी हैं। ये ऐसा बिलकुल भी नहीं होने देंगे। कोई-न-कोई ऐसा छल करेंगे कि तुम्हें हमारी और हमारे समाज की गंध भी नहीं सुहाएगी। हम बूढ़े ऐसे ही नहीं हो गए। कितनों को विलायत से पढ़कर आते देखा है। सबके सब अंग्रेजियत के गुण पा जाते हैं और अपनी भारतीयता को भूल जाते हैं।''

''काका! मैं...।'' दादाभाई ने कुछ कहना चाहा।

''अच्छा, आगे तुम्हारी मरजी! समाज के सभी बुजुर्ग यहीं बैठे हैं और सभी एकमत से यही कह रहे हैं कि तुम विलायत नहीं जाओगे। हम सबका निरादर करके अगर तुम जाना चाहते हो तो बेशक जा सकते हो।''

दादाभाई स्तब्ध रह गए। समाज की बात टालना तो भारतीय संस्कृति में था ही नहीं, तो फिर वे इतना साहस कैसे कर सकते थे। उन्होंने वकालत पढ़ने की अपनी इच्छा का दमन तो कर लिया, लेकिन उन्होंने अपने मन में यह ठान लिया कि वे एक दिन इंग्लैंड अवश्य ही जाएँगे। पारसी-समाज की बुजुर्गों की बात सिर-माथे रखकर उन्होंने सबको यह आश्वासन दिया कि वे विलायत नहीं जाएँगे। यह सत्य भी है कि भारतीय संस्कृति में सदैव से ही समाज का विशिष्ट स्थान रहा है और इससे जुड़ा आदमी कभी इससे विपरीत नहीं चलता, भले ही उसे व्यक्तिगत कितना भी त्याग करना पड़े। दादाभाई ने भी यही किया।

दादाभाई ने विलायत जाकर वकालत पढ़ने का स्वप्न त्याग दिया था, लेकिन अब समस्या यह थी कि क्या किया जाए। पढ़ाई तो लगभग पूरी हो ही गई थी। बस, अब तो पारिवारिक दायित्वों के निर्वहन का समय था। दादाभाई की इस समस्या को उनके 'नेटिव एजुकेशन सोसाइटी' के साथियों ने समझा।

''दादाभाई! अब उचित यही है कि तुम अपने ज्ञान का प्रचार-प्रसार करो। इसका सबसे अच्छा माध्यम हमारा स्कूल ही है। कोई अच्छी नौकरी

मिलने तक सोसाइटी की ही सेवा कर लो।'' उनके एक साथी ने कहा।

दादाभाई को यह विचार अच्छा लगा और वे उसी स्कूल में अध्यापन कार्य करने लगे। अल्प वेतन में नौकरी करते दादाभाई पूर्ण समर्पण और मनोयोग से अपने कर्तव्य का पालन करने लगे। पहले से ही उनकी योग्यता और विद्वत्ता की धूम चारों ओर फैली हुई थी। विशेषकर कंपनी सरकार के अधिकारी वर्ग में उनकी अकसर चर्चा होती थी। इसी परिप्रेक्ष्य में उन्हें कंपनी सरकार की ओर से सचिवालय में नौकरी करने का प्रस्ताव मिला। दादाभाई ने इस संबंध में अपने सहयोगी अध्यापकों से विचार-विमर्श किया।

''दादाभाई! इस नौकरी में तुम्हारा गुजारा नहीं हो सकता, क्योंकि सचिवालय में केवल अंग्रेज-भक्त कर्मचारी ही हैं और ऐसे माहौल में तुम्हारा सामंजस्य बैठा पाना मुश्किल है। अतः इस प्रस्ताव पर गहनता से विचार करो।'' एक मित्र अध्यापक ने गंभीरता से कहा।

अंततः मित्रों की सलाह पर दादाभाई ने सचिवालय में नौकरी करने का इरादा त्याग दिया। उनकी योग्यता देखकर कॉलेज समिति ने उन्हें गणित विभाग का सहायक अध्यापक बना दिया। गणित विषय में दादाभाई की योग्यता अद्वितीय थी। कैसा भी प्रश्न हो, वे उसे चुटकियों में हल कर देते थे। उनके छात्र ऐसे अध्यापक को पाकर बहुत खुश थे। अभी दादाभाई की आयु केवल 22 वर्ष ही थी और उनके अधिकतर छात्र भी इसी आयु के थे। कॉलेज के सबसे युवा अध्यापक दादाभाई ही थे, जिन्हें अपने वरिष्ठ अध्यापकों का भी सम्मान प्राप्त था।

दिन-प्रतिदिन दादाभाई की लोकप्रियता बढ़ती जा रही थी। उनका अधिकांश समय पठन-पाठन में ही व्यतीत होता था। यह 1849 के आसपास की बात थी, जब कॉलेज-समिति ने उन्हें गणित व सामान्य विज्ञान विभाग में प्राध्यापक पद पर नियुक्त किया। वे पश्चिमी शिक्षा के इतिहास में पहले भारतीय थे, जो प्रोफेसर बने। इससे पहले कोई भी भारतीय अंग्रेज शिक्षा-संस्थान में प्रोफेसर नहीं बना था। यह एक प्रकार से बड़ी उपलब्धि ही थी, जिसने भारत में शिक्षा की जागृति का संदेश दिया।

□

समाज-सुधारक के रूप में

दादाभाई नौरोजी ने विद्यार्थी और शिक्षक के रूप में अनेक समाज-सुधार के कार्य किए। उनकी ऊर्जा भारतीय जनमानस को चैतन्य करने में लगी रही। वे समाज हित के कार्यों में आगे बढ़कर भाग लेते थे। उस समय शिक्षा के प्रति लोगों में कोई खास रुचि नहीं थी और देश में शिक्षा के प्रारंभिक साधन भी कम ही थे। दादाभाई ने इसी क्षेत्र को चुना। उन्होंने अपने कुछ साथियों के साथ मिलकर इस दिशा में कार्य आरंभ कर दिया।

जब दादाभाई प्रोफेसर के पद पर नियुक्त हुए, तब उन्होंने इस संबंध में महत्त्वपूर्ण कार्य किया। स्त्री-शिक्षा तो उन दिनों लगभग शून्य ही थी। दादाभाई ने स्त्री-शिक्षा को बढ़ावा देने की दिशा में कार्य किया। इसी उद्देश्य के लिए उन्होंने 4 अगस्त, 1849 को एक संस्था का गठन किया। इस संस्था में उनके कुछ छात्र भी शामिल हुए और इस तरह स्त्री-शिक्षा का अभियान चल पड़ा। इसके सदस्य दादाभाई के नेतृत्व में घर-घर जाकर लोगों को समझाते कि वे अपनी लड़कियों को शिक्षा के लिए स्कूल में भेजें, लेकिन तत्कालीन भारतीय पुरुष-प्रधान समाज तो जैसे स्त्री-शिक्षा का घोर विरोधी था। अतः संस्था के सदस्यों को अपमानित करके घर से भगा दिया जाता। अपमानित और निराश सदस्य अपनी पीड़ा दादाभाई को सुनाते।

''सर! यह बहुत ही मुश्किल काम है और मुश्किल ही नहीं, बल्कि असंभव भी है। हम जिस घर में भी जाते हैं, लोग हमारा अपमान करते हैं। हमारी कोई बात ही नहीं सुनते। लड़कियों की शिक्षा की बात सुनकर तो

कुछ लोग इतना भड़क जाते हैं कि उनका क्रोध देखकर भय सा लगने लगता है।'' एक सदस्य ने कहा।

''देखा।'' दादाभाई ने गंभीरता से कहा, ''यह तो हम सब जानते हैं कि अशिक्षा ही इस देश के दुखों का कारण है और हमारा समाज कुछ ऐसी मानसिकता से बँधा है, जिसमें स्त्री-उत्थान को स्थान नहीं है। बहुत समय से समाज में पुरुषों की प्रधानता चली आ रही है। अत: केवल थोड़े से ही प्रयासों से यह मानसिकता नहीं बदली जा सकती। हमें निरंतर प्रयास करने होंगे। लोग चाहे जो कहें, लेकिन हमें अपने प्रयास पूरी लगन से जारी रखने होंगे। यों डरकर बैठना हमारे लिए उचित नहीं है।''

''हम डरकर नहीं बैठ रहे, लेकिन लोगों का नकारात्मक होना, हमें पीड़ा देता है। कहीं से कोई आशापूर्ण उत्तर ही नहीं मिलता।''

''मिलेगा और अवश्य ही मिलेगा। शुरुआत में ऐसा होना तो स्वाभाविक है। किसी भी महान् कार्य में ऐसे अवरोध आते ही हैं, लेकिन सच्ची लगन और समर्पण एक दिन सफलता का द्वार खोल देते हैं।''

संस्था के सदस्यों ने इस मंत्र को आत्मसात् कर लिया और दुगुने जोश से अपने कार्य में जुट गए। उनकी मेहनत रंग लाने लगी और इस तरह स्त्री-शिक्षा का पहला विद्यालय खुला, जिसमें 65 लड़कियाँ शिक्षा प्राप्त करने लगीं। इसमें 44 लड़कियाँ पारसी और 24 लड़कियाँ हिंदू थीं। विद्यालय की शुरुआत अच्छी हुई और धीरे-धीरे सुखद परिणाम सामने आने लगे। छात्राओं की संख्या बढ़ने लगी। समाज का भी सहयोग मिलना शुरू हो गया।

दादाभाई ने देश में स्त्री-शिक्षा के क्षेत्र में क्रांति का बिगुल बजा दिया था। सरकार भी उनके इस कार्य से बहुत प्रभावित थी और इस तरह दादाभाई के प्रयासों से बालिका विद्यालय के लिए सरकारी सहायता भी मिलने लगी। यह दादाभाई की सच्ची लगन ही थी कि समाज में स्त्री-शिक्षा के प्रति जागरण हुआ और फिर तो बंबई में बालिका-शिक्षा के कई विद्यालय खुले। यह उस कठिन समय में मिली बड़ी सफलता थी, जब भारतीय समाज में स्त्रियों की दशा अत्यंत शोचनीय थी। भारतीय समाज में सती-प्रथा, कन्या-हत्या और

बाल-हत्या और बाल-विवाह आदि कई ऐसी कुप्रथाएँ थीं, जिनसे स्त्री के अस्तित्व पर ही संकट आ खड़ा हुआ था। पूर्व में राजा राममोहन राय ने भी स्त्री-दशा को सुधारने का सफल प्रयास किया था। उन्होंने 1829 में भारत के प्रथम गवर्नर जनरल लॉर्ड विलियम बेंटिंक के सहयोग से सती-प्रथा को समाप्त किया और इसके लिए धारा-17 में दंडपूर्ण कानून को अस्तित्व में लाया गया।

दादाभाई जानते थे कि भारत ऐसा देश है, जहाँ का अशिक्षित समाज कानून से अधिक प्रथाओं को महत्त्व देता है। कानून भले ही पारित भी हुआ और सख्ती से लागू भी किया गया, लेकिन अशिक्षित समाज में ऐसी घटनाएँ फिर भी होती रही थीं। दादाभाई इन कुप्रथाओं को रोकने का एकमात्र उपाय शिक्षा को मानते थे। यही कारण था कि उन्होंने स्त्री-शिक्षा का संकल्प लिया और इस क्षेत्र में महत्त्वपूर्ण सफलता प्राप्त की।

दादाभाई की दृष्टि व्यापक थी और वे समाज के प्रत्येक क्षेत्र में फैली कुरीतियों पर दृष्टि रखते थे। उन दिनों धर्मांधता का बोलबाला था और प्रत्येक धर्म के अनुयायी ऐसी रूढ़ियों में जकड़े हुए थे, जिनसे समाज में धर्मांधता को बढ़ावा मिल रहा था। पारसी धर्म में भी ऐसी कई रूढ़ियाँ थीं और अंधविश्वास थे, जिनमें जकड़ा पारसी समाज कराह रहा था। दादाभाई ने धार्मिक सुधारों के क्षेत्रों में भी अविस्मरणीय योगदान दिया। यों, धर्म के साथ सुधारपूर्ण छेड़छाड़ करना भी एक प्रकार से उन रूढ़िवादियों से टकराना है, जो धर्म की आड़ में समाज को अपनी आय का माध्यम बना लेते हैं।

दादाभाई भी इस स्थिति को भलीभाँति जानते थे और धर्म-सुधारक की भूमिका में आने से पहले स्वयं को तैयार कर चुके थे। उन्होंने पारसी समाज के कुछ शिक्षित लोगों को अपना लक्ष्य बताया और धर्म-सुधार की आवश्यकता को अपने तर्कपूर्ण तथ्यों से सिद्ध भी कर दिया। उन्हें लोगों का सहयोग मिला और उन्होंने अगस्त 1851 में धार्मिक सुधार की एक संस्था का गठन किया। 'रहनुमाए माजदायसन सभा' नाम की यह संस्था जब अस्तित्व में आई तो धर्म के ठेकेदारों ने इसका विरोध किया। दादाभाई किसी भी विरोध से प्रभावित

होनेवाले व्यक्ति नहीं थे। उन्होंने स्पष्ट कर दिया था कि उनका लक्ष्य धर्म से छेड़छाड़ करना नहीं, बल्कि उसमें आई विकृति को बाहर निकाल फेंकना था। उन्होंने लोगों को अपनी संस्था के लक्ष्यों से अवगत कराया। ये लक्ष्य निम्नलिखित थे—

- पारसी धर्म के सच्चे सिद्धांतों का प्रचार करना।
- धर्म में आई अनावश्यक विकृतियों को दूर करना।
- पुराने रीति-रिवाजों में आवश्यक संशोधन करना।

दादाभाई के विरोध में पोंगा पंडितों ने मोर्चा खोल दिया था, फिर भी दादाभाई अपने सहयोगियों और साथियों के साथ मैदान में डटे हुए थे। जगह-जगह सभाएँ की जातीं और लोगों को धार्मिक सुधारों की आवश्यकता समझाई जाती। सभा में विरोधी भी होते, जो तर्क-कुतर्कों से लोगों को भ्रमित करने का प्रयास करते। दादाभाई बड़े ही संतुलित स्पष्टीकरण से विरोधियों को जवाब देते। जब विरोधियों को अपने धंधे पर संकट नजर आने लगा तो उन्होंने भी एक सभा का गठन कर लिया। और दादाभाई की तरह ही सभाओं में जाकर लोगों को बहकाना शुरू कर दिया। यह शाश्वत सत्य है कि जब कोई नेक कार्य शुरू हो जाता है तो उसे अनेक प्रारंभिक कठिनाइयों का सामना करना पड़ता है। दादाभाई और उनके साथियों ने समाज के अधिकांश विकारों को दूर ही नहीं किया, बल्कि समाज का सहयोग भी प्राप्त किया।

धीरे-धीरे 'रहनुमाए माजदायसन सभा' को पारसी समाज में स्वीकार कर लिया गया। पुराने रीति-रिवाजों से जकड़े पारसी समाज ने धर्म में आवश्यक सुधारों को स्वीकृति दे दी। विरोधी संस्था ने बहुत हाथ-पाँव चलाए, लेकिन वह तीन-चार वर्ष से अधिक न टिक सकी और धीरे-धीरे उसका अस्तित्व ही समाप्त हो गया।

दादाभाई की विलक्षण नेतृत्व क्षमता ने उस समय पारसी समाज को धर्म-सुधार को स्वीकार करने के लिए प्रेरित किया, जब देश में धर्म की स्थिति अत्यंत दयनीय होती जा रही थी। धर्म कुछेक ऐसे लोगों के लिए केवल धंधा बनकर रह गया था, जो भोली-भाली जनता को रूढ़िवाद और अंधविश्वास

के अंधे कुएँ में धकेलकर अपनी जेबें भर रहे थे। दादाभाई की यह उपलब्धि तब और महत्त्वपूर्ण हो जाती है, जब उन्होंने विरोध में एक समांतर संस्था को भी पराजित कर दिया। यह सत्य की जीत थी और दादाभाई सत्य की शक्ति भलीभाँति जानते थे। वे जानते थे कि कोई भी रूढ़िवादी समाज, तब तक सुधारों को स्वीकार नहीं करता, जब तक उसे उन सुधारों से होनेवाले लाभों का ज्ञान नहीं हो जाता।

दादाभाई ने इसी तथ्य को ध्यान में रखा और समाज-सुधार के लिए लोगों को तैयार करने के लिए उन्हें लाभ-ज्ञान का पाठ पहले पढ़ाया। उन्होंने 'ज्ञानप्रसारक मंडली' का गठन कर लोगों में जागरूकता पैदा करने का सराहनीय प्रयास किया। इस मंडली के कार्यकर्ता लोगों को जीवन के उन सभी मुद्दों पर व्याख्यान देते, जिनसे मानव-जीवन और समाज का भला होता। इसी मंडली के माध्यम से दादाभाई ने प्रौढ़-शिक्षा का भी कार्य आरंभ किया। गुजराती और मराठी-भाषी विद्यालयों की स्थापना की गई, जहाँ प्रौढ़ स्त्री-पुरुषों को शिक्षा देने का कार्य किया जाता।

□

रास्तगुफ्तार का प्रकाशन

दादाभाई के व्यक्तित्व की यह अद्‌भुत विशेषता रही कि उन्होंने अपने अध्यापनकाल में दो ऐसे महान् लक्ष्यों को पूर्ण किया, जो तत्कालीन समय में अत्यंत कठिन थे। वे किस प्रकार अपने अध्यापन और समाजसेवा में सामंजस्य स्थापित कर सके, यह आश्चर्य की बात है। समाज-सुधार के कार्यों के लिए समय अगर वे निकाल पाते थे, तो यह उनकी ही समयसारणी से संभव था। प्रोफेसर के पद पर उनके दायित्व बहुत बड़े थे और संस्थानों के जनक होने के नाते ये जिम्मेदारियाँ भी कम नहीं थीं, फिर भी उन्होंने दोनों दायित्वों का सफलतापूर्वक निर्वहन किया। सार्वजनिक हितों के कार्यों में दादाभाई ने अपने शिक्षाकाल से ही रुचि दिखाई थी। उन्होंने समाज में व्याप्त कुरीतियों पर कड़े प्रहार किए और उनके इन कार्यों की सराहना कंपनी सरकार ने भी की। साथ ही उन्हें सामाजिक क्षेत्र में कुछ सज्जन अंग्रेज अधिकारियों का भी सहयोग मिला। दादाभाई का व्यक्तित्व और कार्य ऐसे ही थे।

दादाभाई नौरोजी ने अपने सामाजिक और राजनीतिक कार्यों के साथ अपना प्राध्यापक दायित्व भी भलीभाँति निभाया और इसमें उन्हें कॉलेज के सहयोगियों और अधिकारियों का सहयोग भी मिलता रहा। दादाभाई ने 18 43 में ही ब्रिटिश सार्वजनिक सभा का गठन कर लिया था। उन्होंने उसके माध्यम से कई अंग्रेज सज्जनों का साथ भी प्राप्त किया था। उन्होंने अंग्रेजों से संबंधित इतिहास पढ़ा, जिससे उन्हें पता चला कि अंग्रेज उतने बुरे नहीं थे, जितना उन्हें प्रचारित किया गया था।

यह तो सभी जानते हैं कि शासक सदैव से ही प्रजा की दृष्टि में संदेहशील रहे हैं और अपवाद छोड़ दिए जाएँ तो शायद ही कोई शासक प्रजा की सभी अपेक्षाओं पर खरा उतर सका हो। इसका कारण हितस्तरीय होता है। एक तो शासक के भ्रष्ट अधिकारी समाज का शोषण करते हैं और दूसरे, समाज के भी कुछ अराजक तत्त्व शासन के प्रति अफवाह फैलाते हैं। दादाभाई ने महसूस किया कि बदलते सामाजिक परिवेश और मानवीय महत्त्वाकांक्षाओं ने शासन-पद्धति को कठोर कर दिया है, इसी से संदेहजनक परिस्थितियाँ उत्पन्न हो रही हैं।

दादाभाई नौरोजी ने इन सब बातों पर गहराई से विचार किया और अपने कार्यों में शासन के प्रति विश्वास को शामिल रखा। इसका लाभ यह रहा कि उन्हें अंग्रेज अधिकारियों का समर्थन मिला। अपने बढ़ते सामाजिक और राजनैतिक कार्यों की सफलता से प्रेरित होकर उन्होंने महसूस किया कि यदि उन्हें अधिक-से-अधिक लोगों तक अपनी बात पहुँचाने का कार्य सफल करना है तो उसके लिए समाचार-पत्र एक उचित माध्यम बन सकता है।

अपने इस विचार को उन्होंने 1851 में मूर्तरूप दिया और उन्होंने गुजराती भाषा में एक पाक्षिक समाचार-पत्र के प्रकाशन का कार्य आरंभ कर दिया। 'रास्तगुफ्तार' नाम का यह समाचार-पत्र श्री खुरशेदजी नसरवानजी के स्वामित्व में प्रकाशित होता था। दादाभाई इस पत्र के संपादक थे और इस कार्य का वे कोई मेहनताना नहीं लेते थे। इस पत्र के माध्यम से दादाभाई ने अपने विचार लोगों तक पहुँचाए। कंपनी सरकार के अन्यायपूर्ण कार्यों की आलोचना में भी वे पीछे नहीं रहे। विशेष बात यह रही कि इस पत्र में कंपनी सरकार की त्रुटियों पर प्रकाश डालते कुछ लेख तो उन सज्जन अंग्रेजों द्वारा लिखे जाते थे, जो दादाभाई के विचारों से सहमत थे। यह एक प्रकार से बहुत बड़ी उपलब्धि रही थी।

सन् 1855 तक दादाभाई इतने प्रसिद्ध हो चुके थे कि सरकार उन्हें अपने वाणिज्य-विभाग में नौकरी देने तक के लिए तैयार थी। इसके साथ ही निजी उद्योगपति भी दादाभाई की सेवाएँ लेने के लिए उतावले थे। चूँकि दादाभाई

पहले ही बहुत व्यस्त थे, इसीलिए उन्होंने उन प्रस्तावों की ओर कोई ध्यान नहीं दिया। वे तो सामाजिक सुधारों में ही इतने व्यस्त थे कि उनके पास व्यापार का समय ही नहीं था।

दादाभाई को सामाजिक सरोकारों के अलावा राजनीति में भी रुचि रही थी और उन्होंने देश के हालात देखते हुए देश में एक राजनीतिक संस्था के गठन का प्रस्ताव बनाया। उनकी दृष्टि में राजनीति भी सामाजिक सुधारों का एक महत्त्वपूर्ण अंग थी। देश में राजनीतिक चेतना की आवश्यकता थी।

यह वह समय था, जब भारत में ईस्ट इंडिया कंपनी के व्यापार-अनुबंध की समय-सीमा समाप्त हो रही थी। इस शासन ने व्यापार-अनुबंध की आड़ में ही ब्रिटिश सरकार से वर्ष 1833 में बीस वर्षीय शासन-अनुबंध लिया था, जो 1853 में समाप्त होनेवाला था। दादाभाई समझ रहे थे कि कंपनी सरकार फिर से इस अनुबंध की समय-सीमा बढ़वा सकती थी, जबकि यदि ब्रिटिश सरकार उसके द्वारा किए गए कार्यों का निरीक्षण करती तो यह अनुबंध बढ़ाने योग्य नहीं था। फिर भी यह तो तय था कि ब्रिटिश सरकार येन-क्रेन-प्रकारेण भारत की बागडोर अपने ही हित में रखनेवाली थी। दादाभाई की दृष्टि में कंपनी सरकार के मुकाबले ब्रिटिश सरकार अधिक न्यायप्रिय थी।

यहाँ कंपनी सरकार और ब्रिटिश सरकार के भेद को खोलना आवश्यक है। वास्तव में कंपनी सरकार ईस्ट इंडिया कंपनी नाम की एक व्यापारिक संस्था थी, जो व्यापार के उद्देश्य से 1600 ई. में भारत आई थी, जिसके पास इंग्लैंड की महारानी एलिजाबेथ प्रथम का अधिकार-पत्र था। उस समय डच भी भारत में प्रवेश कर चुके थे। ईस्ट इंडिया कंपनी में 217 साझीदार थे और उनका पहला गवर्नर टॉमस स्मिथ था। इस कंपनी ने अपनी पहली व्यापारिक कोठी 1611 में मसूलीपट्टनम में स्थापित की। इसके बाद 1613 में मुगल शहंशाह जहाँगीर ने उसे सूरत में एक और व्यापारिक कोठी खड़ी करने की इजाजत दे दी। सन् 1651 में ईस्ट इंडिया कंपनी ने बंगाल के शासक शाहशुजा से भी बंगाल में व्यापार की अनुमति प्राप्त कर ली। इसके बाद कंपनी ने व्यापार से इतर शासन की संभावनाओं को तलाशा और इस संबंध

में गहन अध्ययन किया।

तत्कालीन भारत में नेतृत्वहीनता की ऐसी हालत थी कि राजे-महाराजे, नवाब और शहंशाह सब-के-सब बिखरे पड़े थे। मुगल साम्राज्य पतन की राह पर था। राजपूतों में ऐसी मारामारी थी कि उनमें कहीं से भी कुशल नेतृत्व की संभावना दिखाई नहीं देती थी। इसका कारण आपसी द्वेष था और कोई भी राजपूत राजा स्वयं को किसी से कम नहीं समझता था। आदिलशाही, निजामशाही और कुतुबशाही आदि कई शासकों ने देश के विभिन्न भागों में अपने साम्राज्य स्थापित कर रखे थे। डच और फ्रांसीसी भी शासक थे। कुल मिलाकर कंपनी के लिए यह आदर्श स्थिति थी, क्योंकि कहीं से भी उसे कोई बड़ी चुनौती मिलती नहीं दिख रही थी। धीरे-धीरे कंपनी ने छल-कपट और हड़पने की नीतियों का प्रयोग करके भारत की शासन-व्यवस्था अपने हाथ में ले ली। यही नहीं, इसका चार्टर (अधिकार-पत्र) भी उसने ब्रिटिश सरकार से प्राप्त कर लिया। कंपनी सरकार लगातार भारत का शोषण करती रही।

कहने का तात्पर्य यह है कि सन् 1857 तक ब्रिटिश सरकार और कंपनी सरकार में अनुबंधीय शासन-प्रणाली थी। ब्रिटिश सरकार ने कंपनी को शासन का अधिकार देते हुए भारतीयों को आश्वासन दिया था कि उनके हितों और अधिकारों का पूर्ण ध्यान रखा जाएगा। यह बात अलग थी कि कंपनी ने अपनी मनमानी की और अपने मुनाफे के अलावा और कुछ नहीं सोचा।

इसी परिप्रेक्ष्य में दादाभाई सोचते थे कि ब्रिटिश सरकार को कंपनी की करतूतों से अवगत कराया जाना आवश्यक था। इसी कारण वे स्वयं इंग्लैंड जाने के इच्छुक थे। इसी दौरान दादाभाई को भारत में राजनीतिक चेतना की आवश्यकता महसूस हुई। ध्यातव्य है कि उस समय भारत में राजनीति-चेतना का भी नितांत अभाव था। निरंतर दासता में रहे भारतीय जनमानस को न अपने अधिकारों का ज्ञान था और न अपनी शक्ति का।

कुप्रथाओं और अंधविश्वासों ने भारत को ऐसा जकड़ा हुआ था कि उन्हें कुछ और सोचने की सुध ही नहीं थी। शिक्षा के घोर अभाव और इसके प्रति उदासीनता से भारत जैसा संपन्न देश विपन्न अवस्था में था। दारिद्र्य

और पिछड़ेपन की ऐसी तसवीर दिखाई देती थी कि विचारकों और चिंतकों को रोना आता था। सभी जानते थे कि प्राकृतिक संपदा से भरपूर भारत किसी भी दृष्टि से गरीब नहीं था और यदि गरीब था तो भारतवासी था, जो दैवीय-कृपा जैसे अविश्वसनीय चमत्कारों पर आश्रित था। अपने दारिद्र्य को केवल ईश्वरीय कोप समझनेवाले भारतीय वास्तविकता से बहुत दूर थे।

□

सिद्धांतवादी राजनीतिज्ञ एवं व्यापारी

दादाभाई ने इस आवश्यकता को महसूस किया कि जब तक देश में चेतना जाग्रत् नहीं होगी, तब तक किसी प्रकार के सुधार की संभावना नहीं बनती। इसी को देखते हुए दादाभाई ने भारत के प्रथम राजनीतिक दल की स्थापना की। 26 अगस्त, 1952 को 'बंबई एसोसिएशन' के नाम से भारत की पहली राजनीतिक संस्था का गठन हुआ। दादाभाई ने इसी संस्था की पहली सभा में अपना पहला राजनीतिक भाषण दिया, जिसने भारतीय जनमानस को सोचने पर विवश कर दिया। उन्होंने अपने भाषण में कहा—

"अंग्रेज सरकार को विश्व भर में न्यायप्रिय और जनता की हितैषी कहा जाता है। यह कथन सत्य है। इस सरकार ने जहाँ भी शासन किया, वहीं समृद्धि और समानता का वातावरण बनाया। विश्व के लगभग सभी देशों पर ब्रिटिश सरकार का शासन रह चुका है, लेकिन हमारे देश में कंपनी सरकार ने ब्रिटिश सरकार के दिशा-निर्देशों का स्पष्ट उल्लंघन किया है। कंपनी सरकार के अधिकारी केवल शोषण की बात करते हैं। उन्हें हमारे रीति-रिवाज, धर्म और आचार-विचार की कोई जानकारी नहीं होती और न वे इनमें सुधार आदि की बात ही समझते हैं। इसी कारण उनके बनाए हुए नियम-कानून हमारे लिए अहितकर सिद्ध हो रहे हैं। उन्हें लगता है कि उनके नियम-कानून उनके अनुसार ठीक हैं, लेकिन सत्य यह है कि भारतीयता से अनभिज्ञ उन अधिकारियों के ये कानून हमारे लिए ठीक नहीं होते।"

"विडंबना यह है कि हम अज्ञानता के कारण उनका विरोध नहीं कर पाते। एकजुटता के अभाव के कारण हमारी बात भी नहीं सुनी जाती। आज

देश के कृषक वर्ग की दुर्दशा देखकर रोना आता है कि जो अन्न का उत्पादक है, वही भूखों मरने के कगार पर है। न्यायिक व्यवस्था लचर है। करों का बोझ कमर तोड़ रहा है। हमें इन सब तथ्यों की सटीक जानकारी इकट्ठा करके इनकी विसंगतियों को ब्रिटिश सरकार के सामने रखना होगा। हम सब यह कार्य एकजुट होकर करें तो निश्चित ही इसके सुखद परिणाम सामने आएँगे।''

दादाभाई ने अपने भाषण से यह भी स्पष्ट किया कि ब्रिटिश सरकार और कंपनी सरकार दो अलग चीजें हैं, जिनमें कंपनी सरकार का रवैया ठीक नहीं है, जबकि ब्रिटिश सरकार एक न्यायप्रिय शासन की पक्षधर है। अत: कंपनी सरकार की त्रुटियों को ब्रिटिश सरकार के संज्ञान में लाना बहुत आवश्यक है।

इसके पश्चात् 'बंबई एसोसिएशन' ने कंपनी सरकार के कार्यों का ब्योरा एकत्र करना शुरू कर दिया। यद्यपि इस कार्य में कंपनी के अधिकारियों ने सहयोग नहीं किया, फिर भी दादाभाई के नेतृत्व में यह कार्य संपन्न हुआ। इस कार्य को जिस लगन और मेहनत से दादाभाई ने किया, वैसा शायद ही कोई और कर पाता। यद्यपि कुछ लोगों को इस सफलता में संदेह था कि ब्रिटिश सरकार उनकी शिकायत और सुझावों पर ध्यान देगी। उन्हें तो कंपनी सरकार और ब्रिटिश सरकार में कोई अंतर नहीं लगता था, लेकिन दादाभाई का मानना था कि भारत में हो रहे अन्याय और अत्याचारों में ब्रिटिश सरकार की कोई भूमिका नहीं थी। यह केवल कंपनी सरकार के उन अधिकारियों का खेल था, जो शोषण के पक्षधर थे।

बंबई एसोसिएशन ने कंपनी सरकार के कार्यों का ब्योरा एकत्र कर ब्रिटेन की संसद् के नाम एक माँगपत्र तैयार किया। इस माँगपत्र में दो प्रमुख माँगें रखी गईं, जो निम्नलिखित थीं—

सरकारी सेवाओं और विधान परिषदों में भारतीय लोगों की साझेदारी सुनिश्चित की जाए।

भारत में मौजूद कंपनी सरकार को देश में सुशासन व न्याय-प्रणाली के लिए दिशा-निर्देश दिए जाएँ।

यह माँगपत्र इंग्लैंड भेज दिया गया और जैसा कि दादाभाई ने सोचा था, ब्रिटेन की संसद् में माँगपत्र और कंपनी सरकार की मनमानी पर गंभीर

विचार-विमर्श हुआ। वहाँ की संसद् में उदार और अनुदार दल थे, तो उदार दल ने इस अरजी का समर्थन किया। तथ्यों और साक्ष्यों के साथ भेजी गई यह अरजी बहुत प्रभावकारी सिद्ध हुई। उदार दल ने भारत में कंपनी सरकार के शासन की निंदा करते हुए उसमें परिवर्तन का प्रस्ताव भी रखा। यह बात संसद् से निकलकर ब्रिटेन की जनता के सामने आई तो वहाँ भी इस अरजी को समर्थन मिला। इतना ही नहीं, कुछ सज्जन अंग्रेजों ने तो 'भारत सुधार समिति' के नाम से एक समिति भी बनाई और भारत के शासन में सुधार के सुझाव भी दिए।

यद्यपि तत्काल लाभ तो नहीं दिखा, लेकिन इससे यह आशा जरूर बँधी कि ब्रिटिश सरकार भारत के हितों के प्रति उदासीन नहीं है और यदि मिलकर अपनी आवाज उठाई जाए तो निश्चित ही भारतीयों के लिए अधिकार प्राप्त करने की संभावना बन सकती है।

जिस प्रकार से दादाभाई ने भारत के पक्ष को एक अरजी के रूप में ब्रिटेन की संसद् में प्रस्तुत किया था, उससे उनकी लोकप्रियता और भी बढ़ गई थी। उनकी लोकप्रियता और सामाजिक प्रभाव को देखकर 'रास्तगुफ्तार' के मालिक खुरशेदजी नसरवानजी कामा को बहुत खुशी हुई थी। साथ ही दादाभाई की कर्मठता और योग्यता ने भी उन्हें बहुत प्रभावित किया था। कामाजी एक विशुद्ध व्यापारी थे और उन्हें दादाभाई की योग्यता एवं लोकप्रियता का व्यापारिक लाभ नजर आ रहा था। वे यह भी जानते थे कि दादाभाई के मन में इंग्लैंड जाने की गहरी अभिलाषा है। इसी के अनुसार कामाजी ने अपना मंतव्य दादाभाई को बताया।

"दादाभाई!" कामाजी ने कहा, "जैसा कि आपका कहना है कि यदि हम इंग्लैंड में जाकर वहाँ की जनता को भारतीय स्थिति से अवगत कराएँ तो काफी लाभ होने की संभावना है।"

"हाँ बिलकुल।" दादाभाई बोले, "सत्य तो यह है कि ब्रिटेन की जनता को आज तक भारत की स्थिति का पता ही नहीं चल पाया है। वे लोग तो यही समझते हैं कि भारत की आर्थिक स्थिति बहुत मजबूत है, तभी तो भारत से अंधाधुंध धन ब्रिटेन आ रहा है। उन्हें लगता है कि भारतवासी अपनी इच्छा

से उपहार के रूप में यह सब दे रहे हैं।''

''हूँऽऽऽ। जबकि कंपनी सरकार यहाँ शोषण कर रही है।''

''यह बात ब्रिटेन के लोगों को कैसे पता होगी, इसीलिए तो मेरा विश्वास है कि हमें वहाँ अपेक्षित समर्थन मिल सकता है।''

''तो फिर हमें इंग्लैंड जाना चाहिए।''

''हाँ, मैं जा भी रहा था। वकालत पढ़ने का अवसर मिला था, लेकिन सामाजिक विरोध के कारण अपनी इच्छा का दमन करना पड़ा। अब शायद कोई अवसर न मिले।''

''अवसर हम उपलब्ध कराते हैं। आप तो जानते ही हैं कि हमारा एक अच्छा-खासा व्यापार है और हम उसका विस्तार कर रहे हैं। हम लंदन में भी उसकी एक शाखा खोलना चाहते हैं और उसके लिए हमें आपके जैसे योग्य एवं कर्मठ व्यक्ति की आवश्यकता है। यदि आपको स्वीकार हो तो हम इस दिशा में आगे की काररवाई करें।''

''मुझे तो स्वीकार है, लेकिन अभी यहाँ भी तो काफी काम शेष है।''

''भई! लक्ष्य के लिए आवश्यक है, आगे बढ़ते रहना। जो कार्य आप यहाँ कर रहे हैं, उसे इंग्लैंड में और भी अच्छे ढंग से कर सकेंगे और यह बात तो आप भी स्वीकार करते हैं।''

''यह तो है। ठीक है, मैं तैयार हूँ।''

''ऐसे ही नहीं। हम आपको कंपनी में साझीदार बनाकर वहाँ भेजेंगे।''

''यह तो आपका बड़प्पन है सर!''

दादाभाई को अब इंग्लैंड जाने की अपनी पुरानी इच्छा पूरी होती लग रही थी। उन्हें व्यापार में लाभ-हानि से कुछ लेना-देना नहीं था। वैसे भी वे स्वयं जानते थे कि उनकी नैतिकता और सिद्धांत उन्हें व्यापार में लाभान्वित नहीं होने दे सकते थे। व्यापार की तिकड़मबाजी उन्हें नहीं आती थी, फिर भी उन्होंने इंग्लैंड जाना स्वीकार किया।

दादाभाई के इंग्लैंड जाने की खबर जंगल में लगी आग की तरह सारे बंबई नगर में फैल गई। जो भी इस बारे में सुनता, वही स्तब्ध रह जाता। दादाभाई ने जैसी लोकप्रियता पाई थी, उसमें ऐसा होना स्वाभाविक ही था।

कुछ लोग तो उनके इस निर्णय को गलत कह रहे थे। इन लोगों में उनके कॉलेज के प्राधानाध्यापक भी थे, जो उनका बहुत सम्मान करते थे। जब उन्होंने यह सुना कि दादाभाई व्यापार करने लंदन जा रहे हैं तो उन्होंने कहा, ''दादाभाई! यह कैसा पतन! कैसा चरित्र!''

''सर! मैं आपका तात्पर्य नहीं समझा।'' दादाभाई बोले।

''तुम्हें याद है कि प्रोफेसर आर्लेवर ने तुम्हें 'भारत की आशा' कहा था। तुमने आज तक उसी विशेषण के अनुरूप कार्य भी किए। आज समाज में जो भी चेतना है, वह तुम्हारे ही प्रयासों का परिणाम है, लेकिन क्या तुम समझते हो कि तुम्हारा कार्य पूरा हो गया। आज जब तुम आंशिक सफल हुए हो तो तुम्हें व्यापार की सूझ गई। यह एक सच्चे देशवासी का पलायन नहीं है तो क्या है। यह एक विद्वान् का पतन नहीं तो क्या है, जो धन के लालच में अपना लक्ष्य भूल गया।''

''सर! ऐसा नहीं है। ये आपके अपने विचार हैं और मैं समझता हूँ कि ये आपके स्नेह के कारण उद्घाटित हुए हैं। मेरे दृष्टिकोण से सोचेंगे तो जानेंगे कि मैं आज भी अपने लक्ष्य पर अडिग हूँ। मैंने भारत में जो कुछ भी किया, उसे आगे बढ़ाने के लिए आप जैसे महानुभाव यहाँ होंगे और मैं ब्रिटेन में यह कार्य आगे बढ़ाऊँगा। मेरी व्यापार में कोई रुचि नहीं है और न मैं व्यापार में सफल हो सकता हूँ। यह तो केवल मेरा मार्ग है, जिस पर चलकर मैं ब्रिटेन पहुँचना चाहता हूँ। क्या आप नहीं जानते कि हम अपनी बात सीधे ब्रिटेन की संसद् में रखें तो अधिक प्रभावी होंगे।''

''हूँऽऽऽ। यह बात भी ठीक है। दादाभाई! मुझे क्षमा करना, जो मैं अनजाने में इतना कुछ कह गया, जबकि मुझे सोचना चाहिए था कि तुम्हारे जैसे लोग हर समय देश की बात सोचते रहते हैं।''

इस प्रकार दादाभाई ने अपनी बात लोगों को समझाई और लंदन जाने से पहले अपने सभी साथियों को आवश्यक दिशा-निर्देश दिए तथा सभी कार्यों को भलीभाँति एवं सुचारु रूप से चलाने के लिए सुझाव भी दिए। इसके पश्चात् वे 27 जून, 1855 को बंबई से लंदन की ओर रवाना हो गए।

दादाभाई एक व्यापारी के रूप में लंदन गए थे, लेकिन जल्दी ही उन्हें

अपने साझीदारों की व्यापार-पद्धति पर शक होने लगा। उन्हें लगने लगा कि कंपनी ईमानदारी से अपना काम नहीं कर रही। एक दिन यह बात उनके सामने आ ही गई।

कंपनी एक प्रकार से बिचौलिये की भूमिका में थी। वह भारत और ब्रिटेन के व्यापारियों के बीच की कड़ी थी। अंग्रेज व्यापारी इसी कंपनी के माध्यम से भारत से आयात-निर्यात करते थे। एक दिन एक अंग्रेज व्यापारी को बंबई की कंपनी से धागों की खपत आई। दादाभाई ने उन धागों का निरीक्षण किया तो पाया—अंग्रेज कंपनी को दिए जानेवाले धागों की लंबाई के अनुरूप उन रीलों की लंबाई कम थी। यह एक प्रकार से धोखाधड़ी थी जो दादाभाई के सिद्धांतों से मेल नहीं खाती थी। उन्होंने अपने साझीदार से इस संबंध में बातचीत की।

''हमें बंबई से आया हुआ यह माल वापस करना होगा। हम अंग्रेज कंपनी को धोखा नहीं देंगे।'' दादाभाई ने कहा।

''अरे भाई! इसमें कोई धोखा नहीं है।'' साझीदार बोला, ''यह व्यापार की नीति है और तुम अभी इस बारे में ज्यादा परिपक्व नहीं हो।''

''इसमें परिपक्वता की बात नहीं है, बल्कि आदर्श व्यापार की बात है। हम किसी को इस प्रकार धोखा कैसे दे सकते हैं?''

''देना पड़ता है भई! तभी तो चार पैसे कमाए जाते हैं। व्यापार में आदर्शों का कोई स्थान नहीं होता।''

''लेकिन इस प्रकार धोखा देना उचित नहीं है।''

''देखो दादाभाई! अपने आदर्श और सिद्धांत अपने तक ही सीमित रखो। व्यापार में इन्हें मत आजमाओ।''

दादाभाई मौन रह गए। वे समझ गए कि अब ज्यादा दिन तक इस कंपनी का साथ नहीं दे सकते। अत: वे कुछ और संभावनाएँ भी तलाश करने लगे, लेकिन फिलहाल उन्हें व्यापार का अनुभव प्राप्त करना था। अभी कुछ तय नहीं हो पाया था कि एक दिन उन्हें और भी विस्फोटक जानकारी प्राप्त हुई। उन्हें पता लगा कि उनकी कंपनी व्यापार की आड़ में मादक-पदार्थों की तस्करी भी कर रही थी। दादाभाई के लिए यह असहनीय था। इसका कारण

था कि उनका नाम कंपनी से जुड़ा था और कभी पकड़े जाने पर उनकी साख खराब हो सकती थी। इस संबंध में उन्होंने कड़ा विरोध जताया।

"यह एक गैरकानूनी कार्य है और कंपनी के माध्यम से इसे करने की मैं अनुमति नहीं दे सकता। तत्काल इन सब अनैतिक कार्यों से कंपनी को मुक्त किया जाए। इसके परिणाम अच्छे नहीं होंगे।" दादाभाई ने क्रोधावेश में कहा।

"आप अकारण ही क्रोधित न हों। यह तो व्यापार है और व्यापार में ऐसा करना पड़ता है। यदि आपको भय लगता है तो आप कंपनी से अलग हो सकते हैं, लेकिन कंपनी की नीतियों में अवरोध न बनें तो अच्छा होगा।" साझीदार बोला।

दादाभाई अच्छी तरह समझ गए कि अब उस अनैतिक व्यापार में साझेदारी के साथ कार्य करना उचित नहीं होगा। बस, फिर क्या था, उन्होंने धीरे-धीरे कंपनी से दूरी बढ़ानी शुरू कर दी और फिर एक दिन कंपनी से अलग हो गए। नैतिकता की राह पर चलनेवाले दादाभाई को अनैतिकता का मार्ग कैसे सुहा सकता था, इसीलिए उन्होंने अपने आदर्शों को सर्वोपरि मानते हुए कंपनी का परित्याग कर दिया।

इस प्रकार से पता चलता है कि दादाभाई एक आदर्शवादी एवं सिद्धांतप्रिय व्यापारी थे, जो किसी को धोखा देना या अनैतिक मार्ग से धन कमाने को त्याज्य मानते थे। यह भी अब उन्हें साफ नजर आ गया था कि कंपनी ने उनकी छवि और लोकप्रियता का इस्तेमाल किया है। यह कोई बड़ी बात नहीं थी कि कोई कानूनी पचड़ा पड़ जाने पर कंपनी सारा दोष उनके ही माथे मढ़ देती। दादाभाई अब तक व्यापार के तौर-तरीके सीख चुके थे और स्वतंत्र व्यापार करने को तैयार थे। उन्होंने यह संकल्प ले लिया था कि वे व्यापार में लाभ के लिए कभी अपने आदर्शों एवं सिद्धांतों से समझौता नहीं करेंगे।

□

इंग्लैंड में सक्रियता

इंग्लैंड में आकर दादाभाई ने अंग्रेजों की संस्कृति और न्यायप्रियता को बारीकी से समझा और यह जाना कि उनके अनुमान लगभग सत्य थे। वहाँ के लोग भारत का बहुत सम्मान करते थे और भारतीयों के प्रति उनमें प्रेम भी था। भारतीय व्यापारियों पर वे आँख बंद करके भरोसा करते थे और यह सब भारतीय संस्कृति के कारण था। दादाभाई ने कामा बंधुओं से साझेदारी तोड़ दी थी और सन् 1859 में इंग्लैंड में ही अपनी एक स्वतंत्र कंपनी खोल ली थी। 'दादाभाई नौरोजी एंड कंपनी' के नाम से स्थापित उनकी यह कंपनी आदर्शों एवं सिद्धांतों पर आधारित थी। किसी भी प्रकार के छल-कपट से दूर उनकी कंपनी ने व्यापार में कदम रखा तो दादाभाई को अपनी लोकप्रियता का ज्ञान हुआ। थोड़े ही समय में वे अंग्रेज अधिकारियों की पहली पसंद बन गए थे। अब बड़े-बड़े व्यापारी उनके साथ व्यापार करने को उत्सुक रहने लगे थे। उनका व्यापार बड़ी तेजी से चल निकला था।

आर्थिक जगत् पर दादाभाई ने अच्छी-खासी पकड़ बना ली थी। उन्होंने धन के साथ मान-सम्मान भी खूब कमा लिया था। इंग्लैंड की बड़ी-बड़ी संस्थाएँ उन्हें अपना सदस्य बनाने में गौरवान्वित महसूस करने लगी थीं। दादाभाई की गिनती अब सफल श्रेणियों में होने लगी थी। वे भारत-इंग्लैंड के व्यापारिक संबंधों की गहनता से जाँच करने के बाद व्यापार-जगत् में और भी प्रसिद्ध हो गए थे। आर्थिक विश्लेषण में तो उन्हें पहले ही महारत प्राप्त थी। अब वे इस क्षेत्र में उतर आए थे तो अपने ज्ञान से अन्य व्यापारियों

को भी लाभान्वित करने लगे थे। व्यापार की बैठकों में उनकी उपस्थिति अनिवार्य सी हो गई।

दादाभाई ने धन के आगमन के साथ ही दान-पद्धति को भी इंग्लैंड में व्यापक रूप से चर्चा दिलाई। उन्होंने खुले हाथों से सार्वजनिक संस्थानों को धन दिया। उनसे प्रेरणा पाकर व्यापारी वर्ग ने भी मानव-हित की संस्थाओं की सहायता करना आरंभ कर दिया। यह इंग्लैंड में एक स्वर्णिम युग की शुरुआत थी, क्योंकि इससे पहले ऐसी सार्वजनिक संस्थाएँ अपने सदस्यों की भागीदारी और सरकारी अनुदान पर अधिकतर आश्रित थीं। व्यापार जगत् से मिलनेवाली आर्थिक सहायता ने सार्वजनिक संस्थाओं के कार्यों में तेजी ला दी थी। लोग इसका श्रेय दादाभाई नौरोजी को ही देते थे।

दादाभाई ने अपने व्यक्तित्व की छाप इंग्लैंड में गहरी छोड़ी और थोड़े समय में वे वहाँ के व्यापार जगत् में स्थापित हो गए। अब उनके पास न तो धन की कमी थी और न ही सम्मान की। जैसा कि वे सोचकर आए थे कि इंग्लैंड की जनता को भारत की दशा से अवगत कराना है तो उसके अनुरूप उनकी तैयारी पूरी हो चूकी थी। अब वे उस स्थिति में आ चुके थे, जहाँ लोग उनकी बात सुनने और समझने लगे थे।

इसी समय एक कठिन समस्या आ खड़ी हुई। संयुक्त राज्य अमेरिका के दोनों धुरों में मतभेद हो गए और सन् 1861-65 के बीच में उत्तरी अमेरिका व दक्षिण अमेरिका में गृहयुद्ध छिड़ गया। दक्षिण अमेरिका संयुक्त से अलग होने की बात कर रहा था। इस गृहयुद्ध का कुप्रभाव वैश्विक अर्थव्यवस्था पर पड़ा और दुनिया भर के बाजारों में त्वरित गति से बिकवाली के फौरन बाद लिवाली ने भी जोर पकड़ा। इसका परिणाम यह हुआ कि अर्थ-जगत् में उथल-पुथल मच गई। एक साथ ही अनेक कंपनियों का दिवाला निकल गया। ब्रिटेन का व्यापार भी बुरी तरह से प्रभावित हुआ और वहाँ की भी अधिकतर कंपनियों को दिवालिया घोषित कर दिया गया।

दादाभाई नौरोजी एंड कंपनी दिवालिया तो नहीं हुई, लेकिन बाजार में उसका अधिकांश रुपया रुक गया। दिवालिया हुई अनेक कंपनियों में बहुत

सी ऐसी भी कंपनियाँ थीं, जो दादाभाई की देनदार थीं। इस स्थिति में कर्ज लौटाना असंभव ही था। ढेर सारा रुपया डूब गया। इतने पर भी दादाभाई ने सहृदयता दिखाई। उन्होंने गाँठ का पैसा भी उन मित्र व्यापारियों की जमानत आदि कार्यों में खर्च किया, जो इस दिवालिया मौसम में जेल तक जा चुके थे। उन्होंने हर संभव सबकी सहायता की और यह जानते हुए भी कि वह पैसा कभी वापस नहीं मिलनेवाला। परिणाम यह हुआ कि स्वयं उनकी फर्म भी दिवालिया हो गई। यह उनकी ब्रिटेन में लोकप्रियता और सम्मान ही था कि जब उनकी फर्म को दिवालिया घोषित किया गया और उसके लेखा-जोखा का ब्योरा एकत्र करने के लिए निरीक्षण समिति बनी, तो वे स्वयं उसका हिस्सा बनाए गए। यह उनकी बेमिसाल ईमानदारी का ही पुरस्कार था, जो ब्रिटेन ने उन्हें दिया, अन्यथा विश्व के इतिहास में कभी ऐसा नहीं हुआ कि जिस पर जाँच-समिति बिठाई गई हो, वह स्वयं उस समिति का ही हिस्सा रहा हो। यह ईमानदारी और विश्वास की ही पराकाष्ठा थी।

दादाभाई ने दिवालिया होने के बाद भी व्यक्तिगत कर्ज लेकर अपने देनदारों का कर्ज चुकाया और लेनदारों से अपनी एक पाई भी नहीं माँगी। व्यापारिक दृष्टिकोण से उनका ऐसा व्यवहार विचित्र और हैरान करनेवाला लग सकता है, लेकिन सत्य तो यह था कि वे व्यापार के मँजे हुए खिलाड़ी बन गए थे। इस लाभ-हानि के खेल में उन्होंने ऐसी जमीन तैयार कर ली थी, जो उनके भविष्य की योजनाओं को मूर्तरूप देने में सहायक सिद्ध हुई। व्यापार और उससे धनार्जन उनका लक्ष्य नहीं था और यह बात तो पहले ही स्पष्ट हो गई थी। वे ब्रिटेन की संसद् तक अपनी पहुँच बनाने का रास्ता तैयार कर रहे थे। आर्थिक संकट के समय कितने ही लोगों ने उन्हें आर्थिक सहायता देने का प्रस्ताव दिया, लेकिन उन्होंने अपनी योजना के अनुसार कोई सहायता नहीं ली।

यह वह समय था, जब भारत में सन् 1857 का विद्रोह दब चुका था। ब्रिटिश सरकार ने भारत का शासन कंपनी सरकार से अपने हाथों में ले लिया था। दादाभाई का पूर्वानुमान सच साबित हुआ था और उन्हें इस बात की

प्रसन्नता भी थी कि उनकी इच्छा के अनुसार भारत में सत्ता का परिवर्तन हुआ था। उनके विचार में कंपनी सरकार का शासन नितांत व्यापारिक हितों की पूर्ति करता था और इसी कारण देश की दुर्दशा हो रही थी। ब्रिटिश सरकार के शासन में उन्हें न्यायप्रियता और सुशासन की झलक दिखाई देती थी और उन्हें आशा भी थी कि अब भारत में वांछित परिवर्तन होंगे।

दादाभाई ने व्यापार को माध्यम भर ही बनाया था, जबकि उनका लक्ष्य तो और भी अधिक बड़ा था। उन्होंने व्यापार के मार्ग से अपना धरातल मजबूत किया और ब्रिटेन के लोगों के बीच अपनी पहचान बनाई। उन्हें ब्रिटिश शासन से कोई आपत्ति नहीं थी, बल्कि शासन के ढंग और अन्यायों से थी। यद्यपि कुछ समय बाद दादाभाई ने ही 'स्वराज्य' का नारा देकर ब्रिटिश सरकार को शीशा दिखाया था। इस परिपेक्ष्य में यह कहा जा सकता है कि ब्रिटिश सरकार के बारे में उनके जो विचार पूर्व में थे, उनमें परिवर्तन आने का कारण ब्रिटिश सरकार की गलत और साम्राज्यवादी नीतियाँ थीं।

दादाभाई ने इंग्लैंड में जितना समय बिताया था, उसमें निरंतर उन्होंने अपनी सामाजिक गतिविधियों को जारी रखा। व्यापार के माध्यम से उनकी जान–पहचान धनाढ्य वर्ग में बढ़ी थी तो सामाजिक क्रियाकलापों से वे आम नागरिकों में भी प्रसिद्धि प्राप्त कर चुके थे। उन्होंने कई संस्थाओं से जुड़कर भारत के बारे में अपने विचार और भारत की आवश्यकताओं को ब्रिटेन के लोगों के सामने रखा। उनके तथ्यपूर्ण आँकड़े उनके लक्ष्य में बहुत कारगर सिद्ध हुए। कितने ही अंग्रेज मित्र भारत के बारे में यह नई जानकारी पाकर गंभीर हो गए।

इसके अलावा दादाभाई ने इंग्लैंड में रहनेवाले भारतीयों को भी एक मंच पर ला खड़ा करने के लिए सफल प्रयास किया। उन्होंने इस दिशा में एक सार्थक पहल करते हुए एक समिति का गठन किया। 'लंदन इंडियन सोसाइटी' नाम की यह समिति वास्तव में भारतीयों और ब्रिटेनवासियों के बीच एक सेतु का काम करने के लक्ष्य से गठित की गई थी। दादाभाई के अथक प्रयासों से इस सोसाइटी से ब्रिटेन में रहनेवाले भारतीय जुड़ने लगे और साथ ही अंग्रेज लोग

भी। इस समिति की सभाएँ होतीं और दोनों देशों के लोग आपस में विचारों का आदान-प्रदान करते। दादाभाई जानते थे कि जब दो संस्कृतियाँ एक ही मंच पर होती हैं तो कई बार धार्मिक विवाद भी उठ खड़े होते हैं। समिति का कार्य धार्मिक विवादों से दूर रहकर भारत की वर्तमान स्थिति पर विचार करना था। अत: उन्होंने समिति की सदस्यता के नियम निर्धारित किए—

- समिति का कोई सदस्य किसी धार्मिक मसले पर कोई बात नहीं करेगा।
- संस्था कभी किसी राजनीतिक या सामाजिक दल से बिलकुल नहीं जुड़ेगी।

दादाभाई की दूरदृष्टि और अनुभव ही थे कि ये नियम बनाए गए। उपर्युक्त नियमों की अनदेखी करने से कोई भी संस्था अपने मूल उद्देश्य से भटक जाती है और कई बार मुख्य लक्ष्य को भूलकर राजनीतिक हो जाती है। दादाभाई स्वयं इस संस्था के अध्यक्ष रहे और कड़ाई से इन नियमों का पालन किया गया। संस्था की सभाएँ होतीं और उनमें भारत से संबंधित विचारों का आदान-प्रदान किया जाता। स्वयं दादाभाई तथ्यपरक जानकारियों के साथ लोगों को भारत और वहाँ की कंपनी सरकार के कार्यों से अवगत कराते।

सन् 1865 तक दादाभाई अपने व्यापारिक कार्यों से काफी हद तक दूर हो चुके थे। अमेरिकी गृहयुद्ध के कारण व्यापार में बहुत घाटा हो गया था, लेकिन जो लाभ हुआ था, वह भी कम नहीं था। दादाभाई को इसी आपातकाल जैसी स्थिति में अधिक प्रसिद्धि मिली, जिसका उनके लक्ष्य से सीधा संबंध था। जैसा कि पूर्व में कहा जा चुका है; वे धनार्जन के उद्देश्य से इंग्लैंड नहीं गए थे और उनका लक्ष्य भारतीय दशा-दुर्दशा से ब्रिटेनवासियों को अवगत कराना था। व्यापार से फुरसत पाते ही वे दुगुने जोश से अपने कार्यों में जुट गए थे। 'लंदन इंडियन सोसाइटी' के माध्यम से उन्होंने लंदन में रहनेवाले भारतीयों से संपर्क बनाए थे। उसी सफलता से उत्साहित होकर उन्होंने इस संस्था का विस्तार करने का मन बना लिया था। अब वे चाहते थे कि उनकी संस्था का कार्यक्षेत्र बढ़े।

इसी उद्देश्य के तहत दादाभाई ने वर्ष 1866 में एक और संस्था का गठन किया। 'ईस्ट इंडिया एसोसिएशन' नाम की इस समिति की विशेषता यह थी कि इसके सदस्य वही सेवानिवृत्त अंग्रेज अधिकारी बनाए जाते थे, जो पूर्व में भारत में नियुक्त रह चुके होते थे। यह दादाभाई की दूरदृष्टि ही थी, जो उन्होंने ऐसी बात सोची। भारत में काम कर चुके अंग्रेज अधिकारी अच्छी तरह से भारत की दशा जानते थे और अपने देशवासियों को भारत के बारे में अधिक प्रभावी ढंग से बता सकते थे। दादाभाई के प्रयासों से इस संस्था से लंदन के बड़े और विख्यात विद्वान् अधिकारी आ जुड़े थे। दादाभाई ने इस संस्था का गठन करके एक और दूरदर्शिता का परिचय दिया। उन्होंने इस समिति का अध्यक्ष लॉर्ड लीडवेन को बनाया।

लॉर्ड लीडवेन का जन्म कलकत्ता में उस समय हुआ था, जब उनके पिता रॉबर्ट स्मिथ भारत में बंगाल के मुख्य सरकारी वकील थे। लॉर्ड लीडवेन बहुत ही करीब से भारतीयों को जानते थे। उनके हृदय में भारतीयों के प्रति सहानुभूति थी। उनके अध्यक्ष बनने से लंदन में इस संस्था को व्यापक समर्थन मिला और बहुत से लोग इससे आकर जुड़ गए। दादाभाई ने नियमानुसार इस संस्था की सदस्यता ग्रहण की। यद्यपि बाद में सर्वसम्मति से वे संस्था के सचिव चुन लिये गए, लेकिन इससे यह स्पष्ट होता है कि दादाभाई का प्रत्येक कार्य पूर्णरूपेण सोचा–समझा और योजनाबद्ध होता था। वे केंद्र में रहकर भी किनारे पर और किनारे पर रहकर भी केंद्र में रहते थे।

इस संस्था का दृष्टिकोण बड़ा ही व्यापक था और इसमें सभी सदस्यों को अपने विचार प्रकट करने की आजादी थी। संस्था उन सभी देशों के बारे में विचार–विमर्श करती थी, जो किसी देश के गुलाम थे। इससे गुलाम देशों की स्थिति का आकलन सहज ही हो जाता था। चूँकि भारत इस विषय के केंद्र में होता था, इसीलिए अन्य गुलाम देशों की तुलना में अधिकतर बातें भारत के ही संबंध में होती थीं।

इस संस्था के गठन के बाद इसकी पहली सभा 2 मई, 1867 को हुई और इसमें दादाभाई ने अपना लेख पढ़ा। 'भारत के प्रति इंगलैंड के कर्तव्य' शीर्षक

इस लेख में दादाभाई ने अंग्रेज जनसमुदाय के सामने इंग्लैंड की न्यायप्रियता और सुशासन का हवाला देते हुए भारत में अपने गुणों के अनुरूप शासन करने को चेताया। उन्होंने सामाजिक मानवीय अधिकारों की हिमायत करते हुए राजनैतिक विचारों से लोगों को अवगत कराया। उन्होंने अपने भाषण में कहा—

"भारत में ब्रिटिश शासन ने निश्चित ही काफी कुछ काम किया है। जैसा कि भारत में रियासतों की अंतर्कलह के कारण असुरक्षा अधिक बढ़ गई थी और चारों ओर लूटमार तथा कुप्रथाओं का वातावरण था, उसमें ब्रिटिश शासन ने बहुत सुधार किए हैं। भारतीयों को सुरक्षा का एहसास हुआ है। फिर भी इसके साथ ही कंपनी सरकार ने ऐसे कुछ कार्य भी किए हैं, जिन्हें मानवीय आधार पर उचित नहीं कहा जा सकता। इसमें कोई संदेह नहीं कि आज इंग्लैंड की शक्ति और समृद्धि में भारत का बहुत योगदान रहा है। प्रतिवर्ष इंग्लैंड को भारत से भारी-भरकम मुनाफा होता है, पर उसके अनुसार वहाँ की सरकार भारतीयों के प्रति व्यवहार नहीं करती।

क्या यह सत्य नहीं कि भारत की सरकार के विभागों में भारतीयों को कोई नियुक्ति नहीं दी जाती? क्या यह मानवीय अधिकारों का हनन नहीं है? क्या यह भेदभाव नहीं है? क्या यह स्वपोषण की नीति नहीं है? क्या इसी आधार पर भारत व इंग्लैंड के संबंधों को मजबूत रखा जा सकता है? जब ब्रिटिश संसद् में भारत पर शासन का अधिकार-पत्र कंपनी सरकार को सौंपा गया तो क्या यह साफ नहीं कहा गया था कि भारत को सुशासन दिया जाए और भारत के हितों का ध्यान रखा जाए, लेकिन कंपनी सरकार ने ऐसा न करके केवल अपने ही मुनाफे पर निगाह रखी। हालात तो इससे भी बुरे हो सकते थे, यदि ब्रिटिश सरकार ने भारत सरकार पर थोड़ा-बहुत अंकुश न रखा होता।"

दादाभाई ने अपने भाषण में कंपनी सरकार की गलत नीतियों से हुई भारतीय दुर्दशा का वर्णन कुछ इस प्रकार किया—

"यदि ब्रिटिश सरकार यह समझती है कि भारत में लाखों की संख्या में सेना रखकर शासन किया जा सकता है तो यह उसकी भूल है। शासन की नीति के अनुसार तो सरकार को जनता के हितों का ध्यान रखना चाहिए। भारत

इंग्लैंड से संबंध नहीं बिगड़ना चाहेगा, लेकिन इसके लिए ब्रिटिश सरकार को भी अपना उत्तरदायित्व समझना होगा। भारत ने ऐसा कुछ नहीं पाया, जिसका कोई उल्लेख किया जा सके। एक दशक होने जा रहा है, जबकि भारत की बागडोर कंपनी सरकार के हाथों से निकलकर ब्रिटिश सरकार के हाथों में आ गई, लेकिन क्या सरकार ने पिछली सरकार की त्रुटियों को सुधारा। आज भी भारत में शिक्षा का स्तर निम्न है, कहीं किसी को नौकरी नहीं मिली, मूलभूत आवश्यकताओं की ओर किसी ने भी ध्यान नहीं दिया। सिंचाई, सड़क और भोजन आदि के लिए तरस रहे भारतीय क्या मानव नहीं हैं। प्राकृतिक आपदाओं ने जो किया, वह किसी से भी छिपा नहीं है। अकाल, बाढ़ आदि महामारियों ने भारतीय जनमानस को तोड़कर रख दिया है। अत: क्या शासन का यह दायित्व नहीं बनता कि ऐसे समय में अपनी प्रजा की सहायता करे।

अंत में मैं कहना चाहूँगा कि यदि भारत और इंग्लैंड के संबंध टूटे, जो कि एक दिन अवश्य टूटेंगे तो उसका जिम्मेदार भारत नहीं, बल्कि स्वयं इंग्लैंड ही होगा। अत: समय रहते इंग्लैंड को सोच लेना चाहिए कि वह भारत पर शासन करे तो अपनी परंपरा और आदर्शों के साथ करे, पूरी ईमानदारी से करे।''

दादाभाई का यह भाषण बहुत प्रभावकारी सिद्ध हुआ। वैसे भी वे अपने वाणी-प्रवाह, संतुलित शब्दों और सत्यभाषण के लिए विख्यात थे। ऐसा भी नहीं था कि इंग्लैंड में सभी उनका समर्थन करते थे, कितने ही लोग ऐसे भी थे, जो भारत विरोधी बातों में अधिक रुचि रखते थे। यह वह मानसिकता थी, जो किसी यूरोपीय देश में एशिया के लोगों के प्रति रही थी। कई बड़े अंग्रेज विद्वान् भी भारत के बारे में गलत धारणा बनाए हुए थे। अकसर इन लोगों से दादाभाई की बातचीत होती रहती थी। इनके कटु वचनों से दादाभाई कभी उग्र नहीं हुए और उनके हर सवाल का उन्होंने सटीक एवं साक्ष्यपूर्ण जवाब दिया। कई बार लोग उनका उपहास भी करते थे, लेकिन किसी भी स्थिति में उन्होंने अपना धैर्य नहीं खोया। उनके सामने कई बार विकट परिस्थितियाँ भी आईं, लेकिन उन्होंने साहस एवं शराफत का दामन पकड़े रखा।

दादाभाई यह भी जानते थे कि शिक्षित अंग्रेज केवल बातों का ही विश्वास करनेवाले नहीं हैं। इसी कारण वे अपनी हर बात सिद्ध करने के लिए ठोस

साक्ष्य भी प्रस्तुत करते थे। इसका परिणाम सार्थक होता। विरोध करनेवाले विचारणीय मुद्रा में आ जाते और फिर दादाभाई के समर्थन को तैयार हो जाते। यह दादाभाई का व्यापक दृष्टिकोण ही था, जो वे केवल भारत के संबंध में ही नहीं, बल्कि समस्त मानव समाज के हितों के बारे में भी बात करते थे। अन्य देशों के मानवीय जीवन पर भी वे प्रकाश डालते और विशेषकर उन देशों के बारे में बोलते, जो ब्रिटिश शासन के अधीन होते।

दादाभाई के मुद्दे विचारणीय होते थे और इनका प्रभाव भी बड़ा व्यापक होता था। उन्होंने एसोसिएशन की एक बैठक में ब्रिटिश सरकार को यह भी बताया कि जब वह अपने साम्राज्यवाद के तुष्टीकरण के लिए युद्ध लड़ती है, तो उस युद्ध में होनेवाले व्यय की वसूली भारत से ही की जाती है। यह एक देश पर जबरदस्ती थोपा जानेवाला खर्च है। उदाहरण के लिए उन्होंने अबीसिनिया में हुए युद्ध का नाम लिया। उन्होंने कहा कि अंग्रेज सेना ऐसे युद्ध अपना वर्चस्व बनाए रखने के लिए ही लड़ती है। वह युद्ध अपने साम्राज्य के विस्तार के लिए लड़ती है। अतः उसका व्यय भी इंग्लैंड के राजकोष को ही वहन करना चाहिए। दादाभाई ने बताया—

"जहाँ भी अंग्रेज सेना ने साम्राज्य के विस्तार के लिए या विद्रोहों को दबाने के लिए युद्ध लड़े तो उन युद्धों का खर्चा भारत की गरीब जनता से ही वसूला गया। इसके लिए शोषण की हर सीमा लाँघी गई। करों का बोझ बढ़ाया गया। विरासतों को लूटा गया, यानी हर प्रकार की सख्ती की गई। क्या न्याय के लिए प्रसिद्ध ब्रिटिश सरकार के आदर्श बदल गए हैं ?"

दादाभाई अपेक्षाकृत शांत स्वभाव के थे और शांति से ही अपनी बात कहते थे, लेकिन बात की प्रस्तुति आक्रामक होती थी। वे बिना किसी ठोस आधार के कुछ नहीं बोलते थे। अतः लोग उनकी हर बात बहुत ध्यान से सुनते थे।

एसोसिएशन के सभी सदस्य अब दादाभाई का लक्ष्य समझ रहे थे और अधिकतर का मानना था कि ब्रिटिश सरकार को अपने आदर्शों और परंपराओं के अनुसार ही शासन-प्रणाली व्यवहार में लानी चाहिए। जो सरकार अपने देश में स्वच्छ शासन दे रही है, वह भारत में क्यों अपनी नीति से बदल जाती है ? क्या केवल इसीलिए कि भारत एक गुलाम देश है ? क्या वहाँ के लोगों

की वही मूलभूत आवश्यकताएँ नहीं हैं, जो ब्रिटेन के लोगों की हैं? क्या मानव और मानव में कोई भेद होता है?

एसोसिएशन की बैठक में ऐसे विचार रखनेवाले बुद्धिजीवी अंग्रेज ही होते थे, जिनकी बातें दूर तक सुनी जाती थीं। एसोसिएशन के सदस्य और कभी भारत में नियुक्त रह चुके जनरल सर ऑर्थर भी उन लोगों में से थे, जो भारत के प्रति सहानुभूति रखते थे। वे स्वयं जानते थे कि भारत एक कृषि प्रधान देश है और वहाँ कृषि ही आर्थिक संसाधनों का बड़ा माध्यम है तो उन्होंने भी एक दिन भारत में सिंचाई और जल-परिवहन पर एक लेख पढ़ा—

"मैंने देखा है कि भारत की भूमि उर्वर है और वहाँ कहीं भी थोड़े से प्रयासों से ही अन्न आदि उगाया जा सकता है। कृषि भारतीयों का मुख्य कार्य है। प्राकृतिक रूप से वहाँ जल-संसाधनों की भी कोई कमी नहीं है। नदियों का संजाल है। फिर भी सिंचाई वहाँ की प्रमुख समस्या है। नदी का पानी खेत तक पहुँचाने का कार्य शासन को करना होता है। इस दिशा में सार्थक प्रयास किए जाने की आवश्यकता है, जिसके परिणाम भी अनुकूल होंगे। श्रम-शक्ति में भारतीयों का कोई मुकाबला नहीं कर सकता, लेकिन श्रम के साथ साधन होने पर उत्पादन बढ़ाने की संभावना बनाई जा सकती है। जल-परिवहन के लिए भी भारत में आदर्श स्थिति है और यदि इस क्षेत्र में भी सुधार किए जाएँ तो भारत से व्यापार-जगत् को अधिक लाभ होगा। सरकार को चाहिए कि वह भारत के लोगों का शोषण न करके वहाँ के प्राकृतिक संसाधनों का उचित प्रयोग कर भारत को प्रगति की ओर ले जाए, जिससे इतिहास में उसके शासन के प्रति अच्छे विशेषणों का प्रयोग होने की आशा बलवती हो। यही अंग्रेज-आदर्श है।"

जनरल ऑर्थर का यह लेख अपने आप में और भी महत्त्वपूर्ण हो जाता है कि यह इंग्लैंड में पढ़ा गया और इसके मुद्दे एक अधिकारी ने सोचे। यह एक प्रकार से दादाभाई की बड़ी उपलब्धि कही जा सकती है। इस लेख को दादाभाई के अथक प्रयासों का सुफल भी माना जा सकता है।

□

ब्रिटिश संसद् में

इन सब प्रकरणों से यह स्पष्ट हो गया था कि एसोसिएशन के गठन का उद्देश्य पूरा हो गया था और सभी सदस्य भारतीय मुद्दों पर गंभीरता से विचार करते थे। दादाभाई ने जो भी कार्य किया, बड़ी ईमानदारी से किया। तभी तो उन्हें व्यापक चर्चा और समर्थन प्राप्त हुआ। अब उन्हें ज्ञात हो गया था कि उनके सहयोगी सदस्य उनके विषयों पर सहमत होते थे। अवसर उचित था।

13 अगस्त, 1867 को एसोसिएशन की एक बैठक हुई। इस बैठक में एसोसिएशन के लगभग सभी सदस्य थे। दादाभाई ने इस बैठक में एक और महत्त्वपूर्ण विषय पर लेख पढ़ा—'सिविल सर्विसेज में भारतीयों को अवसर'। यद्यपि यह विषय 1860 में भारत सचिव की परिषद् में भी उठाया गया था और इसे मान्यता भी दी गई थी, लेकिन उस पर कोई अमल नहीं हुआ। दादाभाई ने इस संबंध में कहा—

"कितने खेद का विषय है कि ब्रिटिश सरकार अपने हितों को सर्वोपरि रखते हुए भारतीय हितों को नजरअंदाज कर देती है। मानवीय अधिकारों की समर्थक सरकार स्वयं इनका हनन करती है तो आश्चर्य और पीड़ा होती है। नागरिक प्रशासन में भारतीयों की भागीदारी नगण्य है। इन नौकरियों और पदों पर भारतीयों की नियुक्ति का अवसर भी नहीं दिया जाता। सात वर्ष पूर्व इस संबंध में प्रस्ताव पारित हुआ, लेकिन आज तक उस पर कोई अमल नहीं किया गया। क्या यह आदर्शों की बात है ? क्या भारतीय लोगों में योग्यता की कमी है ? नहीं, यह सरकार की भेदभाव भरी नीति है। मैं एसोसिएशन के

सभी सदस्यों से आग्रह करूँगा कि वे एकजुट होकर इस विषय पर भारत-सचिव से अपील करें।''

इस लेख ने भी समुचित प्रभाव डाला और एसोसिएशन के अधिकतर सदस्यों ने इस विषय पर गंभीर विचार-विमर्श किया।

''दादाभाई!'' एक वरिष्ठ सदस्य ने कहा, ''यह तो निश्चित है कि कोई भी प्रस्ताव पास होने के बाद अमल में न लाया जाए तो वह केवल कागजी बनकर रह जाता है। अत: आवश्यकता अमल की है।''

''आप ठीक कह रहे हैं। एसोसिएशन को इस संबंध में सटीक कदम उठाने चाहिए। अभी तो इस विषय को पुनर्जीवित करना श्रेष्ठ है।'' दादाभाई ने कहा।

''इसके लिए भी आवश्यक है कि ब्रिटिश लोकसभा को अवगत कराकर उसके सदस्यों को सहमत किया जाए। लोकसभा का कोई सदस्य यदि एसोसिएशन के प्रस्ताव को अपने माध्यम से लोकसभा में रखे तो इसका वांछित प्रभाव होने की संभावना बढ़ जाती है।''

''आपका सुझाव उचित है। हमें इस दिशा में प्रयास जारी रखने चाहिए।''

दादाभाई उसी दिन से ब्रिटिश सरकार की लोकसभा के एक-एक सदस्य से मिलने लगे और उनसे अपनी इच्छा बताई।

''सर! ईस्ट इंडिया एसोसिएशन, जो कि मानव अधिकारों की समर्थक समिति है, ने भारत के शासन-प्रशासन में सुधार के लिए कुछ सुझाव रखे हैं। जैसा कि आप जानते हैं कि सिविल-सर्विस के पदों पर भारतीयों की नियुक्ति के अवसरों पर पूर्व में भारत-सचिव की परिषद् में प्रस्ताव पास हुआ था, लेकिन आज तक उस पर कोई अमल नहीं हुआ। एसोसिएशन इस विषय को फिर से लोकसभा के संज्ञान में लाना चाहती है और आशा करती है कि आप एसोसिएशन के प्रस्ताव को लोकसभा में प्रस्तुत करें।'' दादाभाई ऐसा ही कहते थे।

दादाभाई बहुत से लोकसभा सदस्यों से मिले, लेकिन कहीं से सकारात्मक उत्तर नहीं मिला। वे फिर भी निराश नहीं हुए। अंग्रेजों पर उनका विश्वास

कायम था और यह विश्वास सत्य सिद्ध हुआ। लोकसभा के एक सदस्य हेनरी फासेट थे, जिन्होंने दादाभाई की बात को सुना और समझा। उन्होंने आश्वासन दिया कि इस प्रस्ताव को वे लोकसभा में रखेंगे। दादाभाई ने प्रसन्न होकर उनका धन्यवाद किया और एसोसिएशन के अन्य सदस्यों को भी यह शुभ समाचार सुनाया। सब हर्ष से भर उठे।

अप्रैल 1868 में लोकसभा की एक बैठक में हेनरी फासेट ने एसोसिएशन का प्रस्ताव सदन में प्रस्तुत किया। प्रस्ताव में कहा गया था कि सिविल-सर्विसेज की परीक्षाओं का आयोजन लंदन के साथ-साथ कलकत्ता, मद्रास और बंबई में भी किया जाए, जिससे योग्य भारतीयों को भी प्रशासनिक सेवाओं में अवसर प्राप्त हों। लोकसभा में इस प्रस्ताव पर तीखी बहस हुई। एसोसिएशन के सदस्य दादाभाई सहित सदन में उपस्थित थे। प्रस्ताव के विरोध में किसी ने तीखे शब्दों का प्रयोग करते हुए कहा कि भारतीयों की बौद्धिक और शारीरिक क्षमता बहुत ही निम्न स्तर की है। उनके चरित्र में ईमानदारी भी नहीं पाई जाती। इसी कारण प्रशासन के उच्च पदों पर उन्हें बैठाने का प्रश्न ही नहीं उठता।

दादाभाई ऐसे कटु शब्द कैसे सहन कर सकते थे, जबकि वे पूरी तैयारी के साथ आए थे।

''श्रीमान्! आपका यह कथन आपकी निजी राय हो सकती है, जिसमें सच्चाई नहीं है।'' दादाभाई ने दृढ स्वर में कहा, ''आप भूल रहे हैं कि इससे पहले भारत में रह चुके गवर्नर, सैनिक और अन्य ब्रिटिश नागरिकों ने भारत के लोगों की बौद्धिक और शारीरिक क्षमताओं की भूरि-भूरि प्रशंसा की है। इस संबंध में एसोसिएशन के पास प्रमाण भी हैं। ये प्रमाण विभिन्न लेखों और पत्रिकाओं से एकत्र किए गए हैं। ये सभी विचार उन ब्रिटिश अधिकारियों और उन नागरिकों के हैं, जिन्होंने भारत में रहकर बड़ी निकटता से भारतीयों को देखा है और स्वीकार किया है कि भारतीय किसी भी स्तर पर किसी से भी कम नहीं हैं।''

दादाभाई ने एकत्र किए ऐसे ढेरों साक्ष्य प्रस्तुत किए।

"श्रीमान्! किसी व्यक्ति विशेष का नाम भारतीय नहीं है। भारत एक विविधता से पूर्ण जटिल मानव-समाज का नाम है। एक बड़े मानव-समाज में योग्य-अयोग्य और अच्छे-बुरे सभी हो सकते हैं। क्या ब्रिटेन में ऐसा नहीं है? क्या यहाँ दोनों प्रकार के लोग नहीं रहते? क्या ईस्ट इंडिया कंपनी के सभी अंग्रेज कर्मचारी अपनी सरकार और देश के प्रति पूरी तरह वफादार रहे थे? इस संबंध में एसोसिएशन के पास प्रमाण हैं। इनमें ऐसे कर्मचारियों का ब्योरा है, जो कंपनी सरकार के कर्मचारी होकर भी स्वलाभ के लिए अपने देश और कंपनी से धोखा कर रहे थे।"

दादाभाई ने इस संबंध में भी साक्ष्य प्रस्तुत किए, जिनसे विरोध करनेवाले खामोश हो गए और वे बगलें झाँकने लगे।

"श्रीमान्! मेरा तात्पर्य सभी लोगों के बारे में नहीं है, बल्कि उस मानवीय विविधता के बारे में है, जो एक मानव-समाज में आम तौर पर पाई जाती है। इससे किसी मानव-समाज की योग्यता को दबाना या अयोग्यता को छिपाना उचित नहीं है। दोनों ही गुण स्वतः अवसर आने पर प्रकट होते हैं। अंत में मैं इतना ही कहूँगा कि भारत की प्रशासनिक सेवाओं में भारतीयों को अवसर न देना, ठीक उसी प्रकार गलत है, जैसे इंग्लैंड की प्रशासनिक सेवाओं में अंग्रेजों को अवसर न देना।"

दादाभाई के प्रामाणिक साक्ष्यों ने हेनरी फासेट को बल दिया और उन्होंने मजबूती से प्रस्ताव का समर्थन कर अन्य सदस्यों से भी सहमति देने की अपील की। परिणाम यह हुआ कि केवल एक सदस्य को छोड़कर अन्य सभी सदस्यों ने इस प्रस्ताव का स्वागत किया।

यह बहुत बड़ी सफलता थी। दादाभाई ने ब्रिटेन में रहकर ब्रिटेन की लोकसभा में एसोसिएशन के सौजन्य से जो कर दिखाया था, वह कई मायनों में महत्त्वपूर्ण था। स्वयं अंग्रेजों के घर में अंग्रेजों का समर्थन प्राप्त कर लेना कोई आसान कार्य नहीं था, लेकिन दादाभाई ने यह कर दिखाया।

यह ठीक है कि सन् 1857 के विद्रोह में दादाभाई ने कोई सक्रिय भूमिका नहीं निभाई, लेकिन उन्होंने भारत की स्वतंत्रता के लिए जो आधारशिला रखी

थी, 1947 में इस पर आजादी की पूर्ण इमारत खड़ी हुई थी। अंग्रेज सरकार ने भारतीयों को सत्ता सौंपी तो उसमें एक कारण यह भी था कि इंग्लैंड में एक बड़ा वर्ग सरकार के विरोध में उठ खड़ा हुआ था और यह दादाभाई के अथक परिश्रम और प्रयासों का ही फल था।

एसोसिएशन की सफलता ने इसके सदस्यों को रोमांचित कर दिया था। फिर एक बैठक में इसके विस्तार पर चर्चा हुई। निर्णय हुआ कि एसोसिएशन की शाखाएँ भारत में भी खोली जाएँ और वहाँ के शासन-प्रशासन को भी अपनी वैचारिक शक्ति और संगठन से परिचित कराया जाए। सभी सदस्यों ने एकमत होकर इस निर्णय का स्वागत किया और फिर भारत में एसोसिएशन के नेतृत्व का दायित्व दादाभाई को सौंप दिया। लॉर्ड लीडवेन का मानना था कि दादाभाई में वह अपार क्षमता है, जिससे वे कम समय में ही भारत में एसोसिएशन को स्थापित कर सकते हैं।

दादाभाई ने यह निर्णय स्वीकार किया। अब वे भी अपने देश की मिट्टी को छूने के लिए व्याकुल हो रहे थे। यद्यपि इस अवधि में वे दो बार भारत आ चुके थे, लेकिन वे प्रयास थोड़े ही दिनों के थे। उन्हें इंग्लैंड में रहते हुए लगभग 14 वर्ष हो चुके थे और वे अपने परिवार को भूलकर इतने समय तक देशहित के लिए परदेश में कार्यरत थे। दादाभाई 1869 में लंदन से चल पड़े और मई 1869 में बंबई पहुँचे।

□

बंबई में एसोसिएशन की स्थापना

दादाभाई जब बंबई पहुँचे तो वहाँ उनका जोरदार स्वागत किया गया। उनके द्वारा स्थापित 'ईस्ट इंडियन एसोसिएशन' के कारनामों की धाक भारत में भी पहुँच गई थी। लोकसभा में दादाभाई की गर्जना ने विश्व भर को बता दिया कि भारत की सरजमीं पर ऐसे विद्वानों की कमी नहीं है, जो सत्यता के साथ-साथ अपने अधिकारों की हिमायत कर सकें। दादाभाई ने बंबई में जो संस्थाएँ स्थापित की थीं, वे भी अब विकसित हो गई थीं और जब दादाभाई लंदन में थे तो उन्हें भारत की वर्तमान परिस्थितियों की जानकारी उन्हीं के माध्यम से मिलती थी। दादाभाई ने बंबई में अपना जो भाषण दिया, वह एसोसिएशन के कार्यों और उद्देश्यों से संबंधित था। उन्होंने अपने भाषण में कहा था—

"हमारी आवश्यकता है कि हमारे यहाँ भी ब्रिटिश संसद् की तरह जनता की अपनी संस्थाएँ हों, लेकिन इसके लिए हमें बहुत तैयारी करनी होगी। तब कहीं जाकर हम इस योग्य हो सकेंगे। हमें जनमत को तैयार करना होगा, क्योंकि अकेली आवाज प्रलाप से अधिक कुछ नहीं होती। संयुक्त स्वर में जो शक्ति है, वह हम सब देख चुके हैं। इसके लिए हमें योग्य और जुझारू राजनेताओं की एवं कार्यकर्ताओं की टोली तैयार करनी होगी। इसके साथ ही यह भी आवश्यक है कि इंग्लैंड में भी एसोसिएशन की भाँति एक संस्था स्थापित हो, जो भारत की माँगों और भारतीयों के हित में सत्य और तथ्यपूर्ण बातें बताए। दोनों ही देशों में यह संस्था इतनी संगठित और ताकतवर होनी

चाहिए कि इसकी बातों और प्रस्तावों को लेकर सरकार अनदेखी न कर सके। आओ, सब एकजुट हो जाओ और दुनिया को दिखा दो कि अपने अधिकारों के लिए हम भारतीय एक हैं।''

दादाभाई के इस भाषण ने अप्रत्याशित प्रभाव डाला और जनता उनके पीछे-पीछे चल पड़ी। उनके आह्वान पर सैकड़ों-हजारों लोग इस महान् लक्ष्य में शामिल हो गए। 22 मई, 1869 को बंबई में ईस्ट-इंडिया एसोसिएशन की शाखा स्थापित की गई। इससे बहुत सारे लोग आकर जुड़े। दादाभाई को स्वयं भी आश्चर्य हो रहा था कि जिस कार्य को एक बड़ी कठिन समस्या समझा जा रहा था, वह कितनी सरलता से सफल हुआ। लॉर्ड लीडवेन का यह विश्वास कितना सत्य था कि दादाभाई बहुत शीघ्र ही भारत में भी अपनी उपयोगिता सिद्ध करने में सक्षम हैं।

इसके पश्चात् दादाभाई ने भारत-भ्रमण करने का निश्चय किया। इसके पीछे उनके दो उद्देश्य थे। वे इस भ्रमण से देश की रियासतों के उन शासकों से मिलना चाहते थे, जो अपने सुख और ऐश्वर्य में देशहित को नजरअंदाज कर रहे थे। दादाभाई ऐसे राजा-महाराजाओं को राजनीतिक आंदोलन से जोड़ने के इच्छुक थे, तो साथ ही उनसे आर्थिक सहायता भी प्राप्त करना चाहते थे, जो कि भारत में एसोसिएशन के कार्यों की आवश्यकता थी।

दादाभाई ने कई सारी रियासतों का दौरा किया और यह अनुभव किया कि रियासत के शासक तो बेपरवाह हो ऐशोआराम की जिंदगी बिता रहे थे, जबकि उनकी प्रजा की हालत अत्यंत दयनीय थी। दादाभाई को यह विलासी प्रवृत्ति देखकर बहुत दुःख हुआ, जो जनता के पसीने की कमाई पर चल रही थी। उन्होंने जनता की आँखों में ऐसी झलक देखी थी, जैसे वे उसके दुखों का निवारण करने आए थे। दादाभाई ने मन-ही-मन संकल्प किया कि वे अपनी ओर से कोई कसर नहीं छोड़ेंगे, जिससे भारत की पिसती जनता को राहत की साँस मिल सके।

इसी समय बंबई के नागरिकों ने दादाभाई के सम्मान में उन्हें एक मानपत्र देने का निर्णय किया। यह भारत के उस महान् बौद्धिक नेता का सम्मान था,

जिसने अपना जीवन देश के नाम कर दिया था। 3 जुलाई, 1869 को एक सार्वजनिक सभा में हजारों लोगों की उपस्थिति में उन्हें यह मानपत्र और तीस हजार रुपए भेंट किए गए। जब दादाभाई ने ये रुपए लेने से इनकार किया तो लोगों ने उनसे सविनय आग्रह किया। तब दादाभाई ने वह सारा पैसा एसोसिएशन को सौंप दिया और उससे जनहित के कार्यों को करने का निर्देश दिया। लोग दादाभाई की जय-जयकार कर रहे थे। चारों ओर से उनके ही नाम की गूँज सुनाई दे रही थी।

दादाभाई ने लगभग छह माह भारत में कार्य करके एसोसिएशन को संगठित और शक्तिशाली बनाया। यह उस महान् आत्मा का ही देशप्रेम था, जिसने अपने घर आकर भी अपना अधिकांश समय अपने लक्ष्य को दिया। अपने परिवार से तो वे बस औपचारिक भेंट ही कर पाए थे। एसोसिएशन की गूँज देश भर में सुनी जा रही थी। ब्रिटिश सरकार के बारे में कुछ भी कहा जाए, लेकिन यह सच है कि उसने भारत के राजनीतिक आंदोलन में हस्तक्षेप ही नहीं किया, बल्कि बातें सुनीं भी और मानी भी। संभवतः इस मामले में ब्रिटिश शासन की नीति कुछ नरम थी या फिर वैश्विक राजनीति के दबाव का भी कोई तो भय उसे अवश्य था।

अक्तूबर 1869 में दादाभाई फिर इंग्लैंड चले गए। उनके योगदान की महत्ता इस परिप्रेक्ष्य में और भी बढ़ जाती है कि वे इस वर्ष तक इतना कुछ कर चुके थे कि आगे जो भी होनेवाला था, उसकी मजबूत आधारशिला रखी जा चुकी थी। स्मरण रहे कि 1869 में ही राष्ट्रपिता महात्मा गांधी का जन्म हुआ था और तब दादाभाई अपनी आयु के पाँचवें दशक की अंतिम सीढ़ी पर खड़े थे। महात्मा गांधी ने अहिंसा का जो मार्ग अपनाया था, वह दादाभाई ने ही प्रशस्त किया था।

दादाभाई ने इंग्लैंड पहुँचकर एसोसिएशन का कार्यभार सँभाल लिया। साथी सदस्यों ने उनकी भारतयात्रा की सफलता पर उन्हें बधाई दी और साथ ही छह माह के कार्यों की सूची उपलब्ध कराई। दादाभाई संतुष्ट थे, सबकुछ पूर्ववत् ही चल रहा था, बल्कि एसोसिएशन ने और भी अच्छा प्रदर्शन किया

था। उन्हें सहयोगी साथियों पर गर्व हुआ।

अब इंग्लैंड में दादाभाई की एसोसिएशन बहुत शक्तिशाली हो गई थी और उससे लंदन के कई प्रसिद्ध विद्वान् भी जुड़ गए थे। जब बैठक होती और इसमें अंग्रेज सदस्य भारतीय हितों की हिमायत करते तो इससे दादाभाई को बड़ी सुखद अनुभूति होती। दादाभाई अपने स्थान पर बैठे-बैठे गद्गद हो उठते कि आज भारतीयों के हितों की चिंता करनेवाले बहुत से अंग्रेज भी थे।

इस एसोसिएशन का प्रभाव इतना हो गया था कि अब लोकसभा में एसोसिएशन के विचारों और प्रस्तावों पर अधिक बहस नहीं होती थी। इसका मुख्य कारण संगठन की एकता, सत्य की शक्ति और तथ्यों एवं साक्ष्यों पर आधारित उनकी दलीलें थीं। दादाभाई ने कभी कल्पना भी नहीं की होगी कि जिस उद्देश्य को लेकर वे व्यापारी बनकर इंग्लैंड में आए थे, वह ऐसे विराट् और सशक्त रूप में साकार होगा।

उधर भारत में भी एसोसिएशन का प्रभाव बढ़ता जा रहा था। किस प्रकार एक व्यक्ति की परिकल्पना इतना विशाल रूप ले लेती है, यह दादाभाई के अथक परिश्रम से जाना जा सकता है। सिविल सर्विसेज में भारतीयों की भागीदारी को लेकर अब लोकसभा में गंभीरता से प्रयास किए जा रहे थे। यह एक प्रकार से दादाभाई की एक बड़ी जीत भी कही जा सकती है। किसी ने सोचा भी नहीं होगा कि एक साधारण सा युवा अपनी विलक्षण प्रतिभा के बल पर इंग्लैंड में जाकर वहाँ की सरकार के विरोध में वहाँ की जनता का ऐसा व्यापक समर्थन प्राप्त कर सकेगा।

दादाभाई ने इस बार इंग्लैंड में एसोसिएशन के माध्यम से भारत में रेल यातायात, कपास के व्यापार और ब्रिटिश शासन के भारतीय बजट पर चर्चा की। इन विषयों से संबंधित कुछ प्रभावशाली लेख उन्होंने पढ़े और कुछ लेख एसोसिएशन के अंग्रेज सदस्यों ने। इनसे संबंधित सभी तथ्य जुटा लिए गए। इन्हें लोकसभा के सामने आवश्यक सुधारों के उद्देश्य से प्रस्तुत किया गया। यह एसोसिएशन का प्रभाव ही था कि इन मुद्दों पर बड़ी गंभीरता से विचार किया गया। वैसे भी ये आर्थिक आँकड़े थे, जिनमें सुधार होने पर भारत को

ही नहीं, बल्कि अर्थ–जगत् को भी लाभ होने की प्रबल संभावना थी। ब्रिटिश सरकार ने एसोसिएशन के सुझावों को गंभीरता से लिया। इसका उदाहरण यह है कि जल–परिवहन के सुझाव पर कार्य किया गया। 1875 तक स्वेज नहर के माध्यम से जलमार्ग द्वारा ब्रिटेन और भारत के व्यापार में वृद्धि हुई।

उस समय भारत का गवर्नर जनरल लॉर्ड नॉर्थब्रुक था, जिसने घोषणा की कि मेरा उद्देश्य करों को हटाना और अनावश्यक वैधानिक कार्यवाहियों को बंद करना है। देखा जाए तो गवर्नर जनरल की यह घोषणा एसोसिएशन के कई प्रस्तावों को अमल में लाती प्रतीत होती थी।

इससे पहले जनरल लॉर्ड मेयो ने भी कुछ सुधारवादी कार्य किए थे। उसने अजमेर में मेयो कॉलेज की स्थापना करके भारत में शिक्षा के प्रसार में महत्त्वपूर्ण योगदान दिया और एक कृषि विभाग की स्थापना भी की। इससे पता चलता है कि ईस्ट इंडिया एसोसिएशन केवल कागजी शक्ति नहीं थी, बल्कि उसने ब्रिटिश सरकार पर सुधारों का दबाव बनाया था।

इन सफलताओं के संकेत बहुत पहले से ही एसोसिएशन को मिल रहे थे और इसी परिप्रेक्ष्य में एसोसिएशन के सभी सदस्य और भी जोश से अपनी संस्था को संगठित करना चाहते थे। यह सर्वसम्मति से निर्णय लिया गया कि अब एसोसिएशन उस मुकाम पर पहुँच गई थी, जहाँ अब उसकी अपनी इमारत हो, कार्यालय हो और पुस्तकालय भी हो, ताकि संबंधित विषयों पर तथ्य और साक्ष्य जुटाने में सुगमता रहे। इस निर्णय के बाद सबसे बड़ी समस्या धन की आई। दादाभाई ने इसके लिए दायित्व अपने कंधों पर लिया कि इस कार्य के लिए उन्हें भारत जाना होगा। एसोसिएशन के अन्य सदस्यों ने विचार–विमर्श किया और दादाभाई को ही यह जिम्मेदारी सौंप दी।

सन् 1871 के आरंभ में दादाभाई भारत आ गए। बंबई में एसोसिएशन अनुभव के अभाव में कुछ निष्क्रिय रही थी। वहाँ पहुँचते ही दादाभाई ने उसे सँभाला और उसमें नवीन स्फूर्ति भरने का कार्य आरंभ कर दिया।

□

बड़ौदा की दीवानी

1871 में भारत आकर दादाभाई एक-दो बार इंग्लैंड गए, लेकिन केवल कुछ ही दिनों के लिए। इसके अलावा उन्होंने 1886 तक भारत में ही कई महत्त्वपूर्ण कार्य किए। इंग्लैंड में एसोसिएशन कुशल हाथों में थी और वहाँ उसके कार्यों को सँभालने वाले बहुत से विद्वान् थे। सभी की राय पर यह निर्णय हुआ था कि दादाभाई भारत में रहकर एसोसिएशन का कार्यभार सँभालें।

दादाभाई ने भी देखा कि भारत में ब्रिटिश सरकार कुछ सुधारों पर गंभीर है। अत: वे भारत में ही रुककर कार्य को अंजाम देने लगे। उन्होंने अपना यह लक्ष्य भी स्मरण रखा कि ब्रिटेन में एसोसिएशन की इमारत और कार्यालय आदि के लिए चंदा भी एकत्र करना है। इस समय दादाभाई अधेड़ अवस्था में थे, फिर भी उनकी कार्यकुशलता कमाल की थी। एक बार फिर उन्होंने देशी रियासतों के राजाओं से मिलकर उनके व्यवहार में परिवर्तन देखना चाहा। वे इस दौरे में काठियावाड़ और राजपूताना की कुछ रियासतों में गए और वहाँ के शासकों से वार्त्तालाप किया। पहले की अपेक्षा दौरा सकारात्मक रहा।

इन्हीं दिनों बंबई में नगरपालिका की अनियमितताओं को लेकर एक आंदोलन चल रहा था। दादाभाई ने इस आंदोलन का समर्थन किया और अपने भाषणों से जनजागृति का कार्य किया। वे आंदोलन के अगुआ बन गए। उनके आने से आंदोलन में जान पड़ गई थी। उन्होंने संगठित शक्ति के साथ न्यायपालिका में सुधार संबंधी माँगपत्र गवर्नर को सौंपा, जिस पर शीघ्र ही काररवाई करने का आश्वासन दिया गया।

दादाभाई के साथ कुछ ऐसा था कि उनके सामने कार्यों की सूची सी रखी रहती थी और उन्हें आराम करने का भी समय नहीं मिलता था। उनके जज्बे और स्फूर्ति को देखकर उनके युवा साथी भी हैरत में पड़ जाते थे कि वे उम्र के इस पड़ाव पर भी चुस्त-दुरुस्त थे और हर काम को बिना किसी आलस्य के कर लेते थे। जब भी उन्हें समय मिलता, वे रियासतों के दौरों पर निकल पड़ते और अपने उद्‌देश्य के अनुसार चंदा एकत्र करते। इसके साथ ही वे उस शासक को प्रजा के हित के अनुसार राय भी देते तथा उससे सविनय आग्रह करते कि विदेशी शासन से पिसते समाज को राजा-महाराजा चाहें तो बहुत सारी खुशियाँ दे सकते हैं। उन्हें हर रियासत में सम्मान और आर्थिक सहायता मिली, जो राजा-महाराजाओं की बदलती मानसिकता का संकेत था। इसी सिलसिले में वे गुजरात की एक रियासत बड़ौदा भी गए, जहाँ का राजा मल्हारराव गायकवाड़ था। उसने दादाभाई की जरा भी सहायता न की। बस, दरबार में दादाभाई का सम्मान कर अपने कर्तव्य की इतिश्री कर ली।

मल्हारराव गायकवाड़ उन राजाओं में से था, जो अपने सुख के लिए प्रजा, प्रशासन और शासन तक को धोखा दे सकता था। वह जो ठान लेता था, उसे पूरा करके ही मानता था। उसके अधिकांश जिद्‌दी कार्य उसकी अपनी सुख-सुविधाओं से संबंधित होते थे। अपने अहंकार में उसे किसी और की कीमत दिखाई नहीं देती थी। वह मनमरजी से अपना राजकाज चलाता था। उसके चाटुकार, उसके शासन में आनंद करते थे। अपनी इन्हीं बातों से वह न तो प्रजा का प्रिय था और न ही ब्रिटिश सरकार का। ब्रिटिश सरकार कई बार आगाह कर चुकी थी कि यदि उसने अपने व्यवहार में बदलाव नहीं किया तो उसे पदच्युत कर दिया जाएगा। मल्हारराव ने बहुत समय तक तो किसी भी चेतावनी पर ध्यान नहीं दिया, लेकिन 1872 में उस पर ब्रिटिश सरकार का शिकंजा कसने लगा। इससे वह घबरा गया। अब उसके सामने दो ही विकल्प थे—पहला, या तो अपने शासन में सुधार करने के लिए कोई योग्य दीवान नियुक्त करके जल्दी ही अपनी उचित छवि में सामने आए, अन्यथा पदच्युत होने के लिए तैयार रहे।

इस अल्टीमेटम ने मल्हारराव की नींद उड़ा दी। पदच्युत होने और सत्ता-सुख छिन जाने के भय से वह बहुत घबरा गया था। उसने अपने चाटुकार सलाहकारों की एक सभा बुलाई।

''लगता है कि अब अंग्रेज नहीं माननेवाले।'' मल्हारराव ने चिंतित स्वर में कहा, ''वह तो हमारी दूरदर्शिता ही समझो कि जो अब तक ले-देकर उन गोरों को अपनी रियासत से दूर रखा है, अन्यथा वे किसी भी रियासत को स्वतंत्र नहीं रहने देना चाहते। झाँसी का हाल देखा, उसे छीनकर ही माने।''

''महाराज!'' एक चाटुकार बोला, ''झाँसी तो उन्हें बड़ी कठिनाइयों से मिली थी। वे (मोरे) संख्या में अधिक थे, अन्यथा महारानी लक्ष्मीबाई उन्हें गाजर-मूली की तरह काटकर रख देती।''

''अरे, यह बता कि अब करना क्या है।'' मल्हारराव गुस्से से बोला, ''हम कोई युद्ध थोड़े ही चाहते हैं। जो बात शांति में है, वह युद्ध में कहाँ?''

''महाराज!'' एक और चाटुकार बोला, ''नया गवर्नर जनरल किसानों का हितैषी बताया जाता है। उसने करों को समाप्त करने का बीड़ा उठाया है।''

''अरे, यह सब तो चाल है। ऐसा करके वह हमें भयभीत कर रहा है, जबकि वह स्वयं जानता है कि बिना करों के सरकारी खजाना कैसे भरेगा। देखना, जब सभी रियासतें उनके अधीन हो जाएँगी तो कैसे हर चीज पर कर लगाया जाएगा। बेचारी प्रजा के साथ लूटमार होगी।''

''महाराज! तो हमारे लिए क्या आदेश है?''

''आदेश यही है कि कोई उपाय सोचो, जिससे अंग्रेज हमारे विरुद्ध कोई सैन्य काररवाई न करें और हम निष्कंटक अपना शासन चलाते रहें।''

''ऐसा तो तभी हो सकता है, जब शर्त के अनुसार रियासत का दीवान नियुक्त करके अंग्रेजों को सुधार का आश्वासन दिया जाए।''

''दीवान को नियुक्त करना क्या बड़ी बात है! वह तो हम किसी को भी नियुक्त कर देंगे, लेकिन इससे गोरे संतुष्ट नहीं होंगे। दीवान ऐसा हो, जिससे गोरों को सुधारों की आशा लगी रहे और वह हमारे अनुसार कार्य करता रहे।''

''दोनों कार्य एक साथ कैसे हो सकते हैं महाराज! ऐसा दोतरफा दीवान

कहाँ मिलेगा, जिसे अंग्रेज भी कुशल पाएँ और वह आपका भी वफादार रहे।''

''यह तो हम सबको सोचना है। कोई ऐसा दीवान खोजना होगा, जिसे गोरी सरकार ईमानदार और कर्मठ समझती हो। उसे इस पद पर बिठा देंगे और शेष तो सबकुछ हमें ही करना है।''

''फिर तो दादाभाई नौरोजी से अच्छा विकल्प नहीं हो सकता। एक वही ऐसे हैं, जिनकी अंग्रेजों में अच्छी धाक है। यदि वे रियासत के दीवान बनना पसंद करें तो गोरी सरकार हमारी ओर देखेगी तक नहीं।''

''बात तो बड़े पते की है, लेकिन दादाभाई कर्मठ व्यक्ति हैं। वे जिस काम को हाथ में लेते हैं, उसे पूरा करके ही मानते हैं। उनके दीवान बनते ही काफी कुछ परिवर्तित हो जाएगा।''

''महाराज! आप राजा हैं। यदि परिवर्तन होगा तो आपकी इच्छा के अनुसार ही होगा। क्या दीवान राजा से बड़ा होता है। अंग्रेजों की संतुष्टि के लिए कुछ सुधार तो करने ही पड़ेंगे।''

मल्हारराव ने विचार किया तो सुझाव में दम मिला।

''अब प्रश्न यह है कि क्या दादाभाई हमारी दीवानी करने के लिए तैयार होंगे? अभी तक हमने उन्हें एक पाई की भी सहायता नहीं की थी। तब हमें नहीं पता था कि हमें उनसे ऐसा भी काम पड़ सकता है।'' मल्हारराव ने आह भरते हुए कहा।

''महाराज! दीवानी पद एक बड़ा पद होता है। फिर भी जहाँ तक हमने सुना है कि दादाभाई देशी रियासतों को अंग्रेजों के अधीन जाने से रोकने के लिए राजाओं की सहायता को तैयार रहते हैं। उनका प्रभाव इंग्लैंड तक है।''

''जो भी हो, अब तो केवल यही मार्ग दिखाई दे रहा है। अन्य किसी दीवान के नाम पर तो शायद अंग्रेज मानेंगे नहीं। फौरन हमारी ओर से एक विनयपत्र लिखकर दादाभाई तक पहुँचाया जाए। उसमें क्या लिखना है, यह हम स्वयं तय करेंगे।''

उसी समय दादाभाई के नाम एक पत्र लिखा गया, जिसमें मल्हारराव ने सभी कूटनीतियों का सहारा लेते हुए अनुरोध किया कि संकट के ऐसे समय

में वे उसकी सहायता करें और बड़ौदा की दीवानी स्वीकार करके इस रियासत के गौरव और प्रगति को बढ़ाएँ। पत्र में लिखा गया था—

परम् आदरणीय दादाभाई नौरोजी,

इन दिनों अंग्रेज सरकार भारत के कण-कण पर अधिकार जमाने के एजेंडे पर काम कर रही है। जितनी भी स्वतंत्र रियासतें हैं, अब उन्हें भी ब्रिटिश साम्राज्य में मिलाने का प्रयास किया जा रहा है और कुशासन का बहाना बनाया जा रहा है। देशी राजघरानों की शासन-प्रणाली सदैव ही ऐसी रही है। इस पारंपरिक प्रणाली को गोरी सरकार कुशासन का नाम देती है। फिर भी हम मानते हैं कि समय के अनुसार परिवर्तन अवश्य होना चाहिए, जिसके लिए हम तैयार हैं। हाँ, परिवर्तन विदेशी लोग करें, यह हमें स्वीकार नहीं।

अतः हमारा आपसे अनुरोध है कि आप हमारी रियासत की दीवानी स्वीकार करके आवश्यक सुधार करें और रियासत का गौरव बढ़ाएँ। आशा है कि आपकी दीवानी में रियासत प्रगति के पथ पर अग्रसर होगी। आपके आगमन की प्रतीक्षा में।

महाराज मल्हारराव गायकवाड़
रियासत बड़ौदा

यह पत्र लिखकर पत्रवाहक को भेज दिया गया।

दादाभाई उस समय इंग्लैंड में थे, जब उन्हें यह पत्र मिला। वे पहले भी मल्हारराव से मिल चुके थे और सुशासन के बारे में उसे उचित राय भी दी थी, लेकिन लगता नहीं था कि वह राजा उन पर कोई अमल भी करेगा। अब मल्हारराव का अनुरोध-पत्र पढ़कर दादाभाई पशोपेश में पड़ गए। उनके सामने बड़ौदा की बदहाली और वहाँ की जनता की आँखों में तैरती निराशा भी झलक उठी थी और महाराज का स्वार्थी, जिद्दी और अहंकारी चरित्र भी। वे यह भी जानते थे कि इन दिनों भारतीय राजशाही विलासपूर्ण दौर से गुजर रही है और ऐसे में आवश्यक है कि आम व्यक्ति के जीवन स्तर को सुधारने के सभी उचित प्रयास किए जाएँ।

दादाभाई के सामने बड़ी विकट स्थिति थी। बड़ौदा के कुशासन में सुधार

करने का उन्हें सही अवसर मिल रहा था और जनता की भलाई का कोई भी अवसर वे छोड़ना नहीं चाहते थे। इसके विपरीत उन्हें यह भी भय था कि मल्हारराव जैसे राजा का दीवान बनने पर लोग उनके बारे में गलत सोचेंगे। कोई यह सोचेगा कि दादाभाई ने पद और धन के लालच में ऐसा असंभव कार्य अपने हाथों में लिया है, जो हो ही नहीं सकता था।

अत: दादाभाई ने फैसला किया कि उन्हें लोगों की सोच की परवाह न करके बड़ौदा की जनता की भलाई के लिए काम करना चाहिए। काम कठिन अवश्य था, लेकिन असंभव नहीं था। वे इंग्लैंड से चल पड़े और भारत आकर मल्हारराव से मुलाकात की। मल्हारराव ने उनका स्वागत किया।

''मैं आपका हृदय से अभिनंदन करता हूँ, जो आपने हमारे अनुरोध को स्वीकार किया।'' मल्हारराव ने कहा, ''गोरी सरकार की अनीतियाँ बढ़ती जा रही हैं। अब केवल आप ही भारत में राजशाही की रक्षा कर सकते हैं।''

''महाराज! हमारे देश में राजशाही प्रजा की शक्ति से चलती है। जिस राज्य या रियासत की प्रजा खुशहाल होती है, वहाँ के राजा की शक्ति अपार होती है।'' दादाभाई ने कहा, ''ब्रिटिश सरकार भी भारतीय जनमानस की खुशहाली के लिए कार्य करना चाहती है। आप स्वयं देख रहे हैं कि कुछ समय से सरकार ने जनहित कार्य में रुचि दिखाई है।''

''आपकी बात सत्य हो सकती है, लेकिन क्या जनहित के वे कार्य हम भारतीय नहीं कर सकते? हमें अपनी प्रजा की भलाई के बारे में सोचने के अधिकार से वंचित नहीं किया जा सकता।''

''यदि आप यह बात सच्चे हृदय से ही कह रहे हैं तो आपकी बात भी सत्य है।

''हम सच्चे हृदय से ही कर रहे हैं। हम मानते हैं कि पारंपरिक शासन-प्रणाली के चलते हमसे कुछ त्रुटियाँ हुई हैं, लेकिन अब हम उन्हें सुधारना चाहते हैं, इसीलिए हम आपसे सहायता चाहते हैं।''

''महाराज! मैं यह पद धन या सत्ता के लालच में स्वीकार नहीं कर रहा, बल्कि जनता की भलाई के लिए कर रहा हूँ। मैं इंग्लैंड से यही सोचकर

आया हूँ कि आपके विश्वास के साथ जनता की भलाई करूँ। जिस दिन मुझे लगेगा कि हमारे बीच विश्वास नहीं रहा, मैं उसी दिन यह पद त्याग दूँगा।'' दादाभाई ने अपने विचार स्पष्ट किए।

''आप निश्चिंत रहें। हम आपके किसी भी कार्य में हस्तक्षेप नहीं करेंगे। आपकी योग्यता पर हमें पूरा विश्वास है। हम आज ही आपकी नियुक्ति की सूचना अंग्रेज रेजिडेंट को पहुँचाते हैं। आप अपना कार्य सँभालें।''

''जैसी आपकी आज्ञा।'' दादाभाई ने कहा।

राजा मल्हारराव ने दादाभाई की नियुक्ति की सूचना अंग्रेज रेजिडेंट को पहुँचाई तो वह चकित रह गया। उसे दादाभाई से ऐसी आशा नहीं थी कि उन जैसे सच्चे और ईमानदारी के पर्याय उस कुशासन की पैरवी करेंगे, जिसमें सुधार की संभावना नहीं थी। फिर उसके मन में यही विचार आया कि दादाभाई ने धन और पद के लालच में ऐसा किया है।

दादाभाई ने दिसंबर 1873 में बड़ौदा का दीवानी पद सँभाल लिया, यद्यपि अभी तक उनकी वैधानिक नियुक्ति नहीं हुई थी। वे फिर भी अपने कार्य में लग गए। सबसे पहले उन्होंने रियासत के रिकॉर्ड खँगाले और एक-एक अधिकारी के कार्य-व्यवहार और चरित्र की जानकारी ली। उन्होंने आर्थिक आँकड़ों से यह जाना कि रियासत के राजकोष में धन की कोई कमी नहीं थी। धन की उपलब्धता से उन्हें आशा बँधी कि जल्दी ही जनहित के कार्यों को क्रियान्वित किया जा सकेगा।

दादाभाई ने काररवाई शुरू कर दी। सबसे पहले उन्होंने कर्मचारियों की छँटनी की। जो चाटुकार कर्मचारी थे, उनकी दादाभाई ने छुट्टी कर दी। इनमें राजा के खास सलाहकार भी थे। मल्हारराव को कष्ट तो हो रहा था, लेकिन दादाभाई का कार्य साक्ष्य पर आधारित था तो वह कुछ नहीं कर सकता था। उसने सोचा था कि दादाभाई प्रजा की भलाई के लिए दो-चार योजनाएँ बनाएँगे, जिनसे राजा को कोई ज्यादा फर्क नहीं पड़ता था, लेकिन दादाभाई तो शासन में आमूल-चूल परिवर्तन कर रहे थे।

अब मल्हारराव को लग रहा था कि उसने दादाभाई को दीवान नियुक्त

करके गलती कर दी है, लेकिन अब वह कर भी क्या सकता था। बिना किसी ठोस कारण के उन्हें हटाता, तो फौरन गोरी फौज से घिरा होता। उसके वे चाटुकार सिफारिश और शिकायत कर रहे थे कि नए दीवान ने उनके पेट पर लात मारी है। मल्हारराव पशोपेश में था। फिलहाल उसने सभी को शांत रहने के लिए कहा।

दादाभाई को लग रहा था कि उनके काम से राजा को परेशानी हो रही है और अब लगता नहीं कि वे अधिक दिन तक वहाँ काम कर सकेंगे। अतः उन्होंने जितना समय मिले, उतने समय में ही अधिक-से-अधिक सुधार करने की बात ठान ली। उन्होंने रियासत के ईमानदार और असंतुष्ट अधिकारियों से मुलाकात की, जो राजा के द्वारा अपदस्थ कर दिए थे। कोई भी अधिकारी मल्हारराव के अधीन काम करने का इच्छुक नहीं था।

''श्रीमान्! आप शिक्षित हैं और भलीभाँति जानते हैं कि देश के हालात कैसे हैं। यदि हमारे राजे-महाराजे आरंभ से ही प्रजा की भलाई के लिए कार्य करते तो आज ब्रिटिश सरकार हमारे देश पर राज्य न कर रही होती। इसका अर्थ यह भी नहीं है कि हम लोग भी अपना कर्तव्य ही भूल जाएँ। जब ईश्वर ने हमें इतनी सामर्थ्य दी है कि हम जनता की भलाई कर सकें तो हम यह काम करने के लिए पीछे नहीं हटेंगे। कठिनाइयाँ तो प्रत्येक काम में आती हैं। व्यवस्था में बेईमान लोग भी होते हैं तो क्या कुछ ईमानदार उनसे डरकर अपने कर्तव्य और शक्ति को भूल जाएँ।'' एक व्यक्ति ने कहा।

''हम आपके आदेश को नहीं टाल सकते। हम जानते हैं कि आप जैसे विद्वान् ही इस देश की दुर्दशा में परिवर्तन ला सकते हैं। हम इसके लिए तैयार हैं।'' एक अन्य व्यक्ति ने कहा।

इस प्रकार दादाभाई ने कुछ ईमानदार अधिकारियों को अपने साथ कार्य करने के लिए सहमत कर लिया। दादाभाई ने इन्हीं में से योग्य और ईमानदार अधिकारियों को मुख्य न्यायाधीश, राजस्व विभाग का प्रधान व फौजदारी और पुलिस विभाग का प्रधान नियुक्त किया। इन सुधारों से रियासत में सुधार की आशा बलवती हो उठी। दादाभाई को अंदरूनी विरोधों का सामना करना पड़

रहा था। राजा भी अप्रसन्न लग रहा था, लेकिन वे अपना काम किए जा रहे थे। उन्होंने रियासत के सभी विभागों का नए सिरे से गठन किया। पदों पर ईमानदार लोगों को बैठाया। किसानों और श्रमिकों के हितों में कार्य-योजनाएँ बनाईं। कुछ ही दिनों में दादाभाई ने रियासत में हालात बदलकर रख दिए थे। प्रजा दादाभाई की जयकार कर रही थी।

इस बदलाव से जिन लोगों को तकलीफ हो रही थी, उनमें अंग्रेज रेजिडेंट भी था और स्वयं बंबई सरकार भी प्रसन्न नहीं थी। वास्तव में सरकार किसी भी तरह से रियासत को हड़पना चाहती थी, क्योंकि उन्हें पता चला था कि रियासत के कोष में बेशुमार धन-दौलत थी। रेजिडेंट ने एक पत्र लिखकर लंदन भेजा, जिसमें उसने दादाभाई पर कई आरोप लगाए और कहा कि रियासत में सुधार की कोई संभावना नहीं है और दादाभाई धन के लालच में उस कुशासन की पैरवी कर रहे हैं। उसने साथ ही यह लिखा कि यदि ऐसा नहीं था तो अभी तक दादाभाई की पद पर नियुक्ति लिखित क्यों नहीं की गई। राजा ने केवल काररवाई से बचने के लिए ही दादाभाई का सहारा लिया है।

इसी आशय का पत्र सरकार ने राजा मल्हारराव को भी भेजा। इस पत्र में चेतावनी दी गई कि यदि दिसंबर 1875 तक रियासत के कुशासन में सुधार नहीं हुआ तो राजा को गद्दी से उतार दिया जाएगा। राजा को चाहिए कि वह अपने दीवान की विधिवत् नियुक्ति करे, जो कि पिछले आदेश से अभी तक नहीं हो पाई है।

राजा मल्हारराव यह बात सुनकर काँप उठा और सबसे पहले दादाभाई को विधिवत् लिखित रूप में नियुक्त किया। 4 दिसंबर, 1874 को यह नियुक्ति सरकारी अभिलेखों में दर्ज हुई।

उधर लंदन सरकार ने दादाभाई पर आरोप लगाने और कार्य में अवरोध खड़े करने पर बंबई सरकार और रियासत के रेजिडेंट को बहुत फटकार लगाई। यहाँ तक कि रेजिडेंट का तबादला करके नए रेजिडेंट को नियुक्त किया गया। इससे स्पष्ट होता है कि लंदन सरकार भी अब दादाभाई के विचारों से सहमत थी और भारत में सुधारों की बात को आवश्यक समझने लगी थी।

दादाभाई ने रियासत में उन किसानों की सूची बनाई, जिन्होंने सरकार पर अपना वह पैसा वसूलने के लिए केस दर्ज किए हुए थे, जो गैरकानूनी तरीके से उनसे लिया गया था। दादाभाई ने सभी आँकड़े तैयार किए और इस संबंध में भारत सरकार को एक पत्र लिखा कि उन गरीब किसानों के अधिकारों को उन्हें दिया जाए, जिससे जनता के बीच सरकार की छवि अच्छी बने।

दादाभाई ने साक्ष्यों और तथ्यों के साथ-साथ सरकार को जनता का हवाला दिया तो सरकार विवश हो गई और किसानों के पैसे लौटाने संबंधी काररवाई का भी उसने आश्वासन दिया, लेकिन समस्या यह थी कि सरकार के कोष में इतना पैसा नहीं था, जिससे कोई कार्य संपन्न हो पाता।

दादाभाई अब सफलता प्राप्त कर पीछे नहीं हटनेवाले थे। उन्होंने धन की समस्या का निदान निकाला और रियासत के कोष से धन निकालकर सभी भुगतानों का निपटारा करने की राय राजा मल्हारराव को दी, जिस पर उनकी प्रतिक्रिया उल्टी रही।

''नहीं, ऐसा नहीं होगा।'' मल्हारराव ने कहा, ''राजकोष से ऐसा कोई भी भुगतान नहीं किया जा सकता। भुगतान तो सरकार को ही करना होगा।''

''महाराज! आप भूल रहे हैं कि आप सरकार के अधीन ही हैं और भारी रकम देकर इस गद्दी पर विराजमान हैं। आप इस रियासत के संरक्षक हैं, स्वामी नहीं। नियम के अनुसार जैसा कि आपने रियासती अनुबंध में हस्ताक्षर किए हैं, यह राजकाज भारत सरकार के अधीन है और आप इसके प्रतिनिधि हैं। इस स्थिति में यदि आप किसानों के अधिकार रियासत के कोष से देते हैं तो इससे आपकी छवि प्रजा के बीच अच्छी ही होगी।''

''नहीं, दीवानजी! हम किसी भी मूल्य पर अपना कोष नहीं लुटाएँगे। आपकी हर बात हमें स्वीकार रही। आपके किसी कार्य में हमने कोई हस्तक्षेप नहीं किया, लेकिन आप हमें इस प्रकार लुटाना चाहते हैं, यह हम स्वीकार नहीं कर सकते।''

''आप हम पर आरोप लगा रहे हैं महाराज! जबकि हम आपको रियासत की भलाई के लिए सुझाव दे रहे हैं। इससे ब्रिटिश सरकार का हस्तक्षेप सदैव

के लिए हट जाएगा और प्रजा आपका गुणगान करेगी।''

''हमें धन लुटाकर गुणगान नहीं सुनना। आप कोई और मार्ग सोचिए।''

''महाराज! और तो यही मार्ग है कि आप मुझे आज्ञा दें और इस पद से मुक्त करें।''

''आप पद पर बने रहिए और प्रजा की भलाई के लिए कार्य करते रहिए, लेकिन आप इस भलाई के लिए हमारे पूर्वजों की जमापूँजी पर दृष्टि न रखिए।''

''महाराज! केवल योजनाएँ बना लेने से प्रजा की भलाई नहीं होती है। उसके लिए राजा को धन भी व्यय करना पड़ता है।''

''जनता की भलाई के लिए धन जनता से ही लीजिए।''

दादाभाई समझ गए कि वह स्वार्थी राजा अपनी हठ नहीं छोड़ेगा और अब वहाँ उनकी कोई आवश्यकता नहीं रही। उन्होंने अपना त्यागपत्र दे दिया, जिसकी एक प्रति अंग्रेज रेजिडेंट को भी सौंप दी। रेजिडेंट ने उनसे कहा कि वे नए दीवान की नियुक्ति तक यह पदभार सँभाले रहें, लेकिन दादाभाई जानते थे कि राजा मल्हारराव अब कोई दीवान नहीं रखेगा। यह बात स्वयं मल्हारराव ने भी रेजिडेंट से कह दी कि वह अपना शासन स्वयं ही सँभालेगा और उसे किसी दीवान की आवश्यकता नहीं है।

परिणाम यह हुआ कि 11 जनवरी, 1875 को दादाभाई पदमुक्त होकर बड़ौदा से बंबई चले आए। दीवानी के कार्य में उन्होंने बहुत परिश्रम किया था और दिन-रात एक करके कुछ सुधार करके भी दिखाए थे। अधिक कार्य करने के कारण उनका स्वास्थ्य खराब हो गया था। बीमारी के कारण वे कई महीनों तक बिस्तर पर पड़े रहे। उन्हें एक और दीवानी के कार्य से मुक्त होने पर चैन मिला कि चलो ऐसी व्यवस्था से छुटकारा मिला, जहाँ चारों ओर विरोधों एवं बेईमानों का बोलबाला था। दूसरी ओर उन्हें दुःख भी था कि जब वे सफलता की ओर थे, तभी उन्हें कार्य छोड़ना पड़ा।

इसी बीच उन्हें सूचना मिली कि ब्रिटिश सरकार ने राजा मल्हारराव को गिरफ्तार कर लिया था। उस पर पिछले एक रेजिडेंट को जहर देकर मारने

का आरोप लगाया गया था।

दादाभाई को अब चैन मिला कि अब बड़ौदा की जनता को कुछ राहत अवश्य मिलेगी। अपनी तेरह माह की दीवानी में उन्होंने जो जाना था, उससे उन्हें यही लगा था कि वहाँ (बड़ौदा में) मल्हारराव के होते, किसी भी प्रकार के सुधार की संभावना नहीं थी। वह राजा भ्रष्ट और स्वार्थी था।

अस्वस्थता के समय दादाभाई अपने परिवार के साथ रहे। वहाँ उनसे मिलने लोग आते रहते थे। उनमें कुछ वरिष्ठ अंग्रेज अधिकारी भी थे, जो उनके जल्दी ही स्वस्थ होने की कामना करते थे। अस्वस्थता के बावजूद उन्होंने अपनी गतिविधि जारी रखी।

□

बंबई नगरपालिका में सुधार

स्वास्थ्य-सुधार में दादाभाई को लगभग छह माह का समय लगा और पूरी तरह ठीक होते ही वे जनहित के कार्यों में लग गए। उस समय मुंबई नगरपालिका में चुनाव होनेवाले थे। बड़ौदा जाने से पहले दादाभाई ने इस दिशा में महत्त्वपूर्ण कार्य किए थे। इस आंदोलन में वे अग्रणी रहे थे। उनके इस योगदान को देखकर लोगों ने उन्हें नगरपालिका में सदस्य के रूप में चुने जाने का फैसला लिया। लोगों का विश्वास देखकर दादाभाई ने यह बात मान ली और जुलाई 1875 में वे नगरपालिका के सदस्य चुन लिए गए।

जैसा कि दादाभाई का दृष्टिकोण था कि वे जो कार्य हाथ में लेते थे या जो दायित्व सँभालते थे, उसे पूरे समर्पण भाव से करते थे। नगरपालिका में भी उन्होंने अपनी प्रतिभा और कर्मनिष्ठा का लोहा मनवाया। अन्य सदस्यों की तुलना में वे अधिक समर्पण से कार्य करते। उन्होंने कार्यालय के सभी आय-व्यय के ब्योरों का क्रमबद्ध लेखा-जोखा बनाया और कार्य-पद्धति में सुधार किया। पहले नगरपालिका के कर्मचारी लेट-लतीफी से कार्य करते थे, लेकिन अब दादाभाई के आ जाने से व्यवस्था में परिवर्तन हो गया था।

उनकी इस निष्ठा और योग्यता को देखते हुए शीघ्र ही समिति ने उन्हें वित्त कमेटी का सचिव बना दिया। दादाभाई ने इस नए पद को सँभालकर सिद्ध कर दिया कि वे एक योग्य अर्थशास्त्री भी हैं। उन्होंने नगरपालिका के सभी आँकड़ों को एकत्र किया और पाया कि वहाँ आय-व्यय में असंतुलन था, जो केवल उचित क्रियाविधि से सँभाला जा सकता था। उन्होंने देखा कि

नगरपालिका ने नगर में जलापूर्ति की व्यवस्था के लिए 'बिहार वाटर वर्क्स' नाम की जो संस्था बनाई थी, उसके लिए बंबई सरकार से भारी ऋण लिया था। उस ऋण की अदायगी का जो तरीका था, वह नितांत महाजनी-पद्धति से था, जिससे नगरपालिका पर पचास लाख रुपए का अतिरिक्त खर्च पड़ रहा था। मजे की बात यह थी कि इस अतिरिक्त बोझ का पता नगरपालिका के पदाधिकारियों को भी नहीं था। यह तो दादाभाई की गहन पड़ताल और आँकड़ों की जानकारी से सामने आया था कि वे लोग अकारण ही अधिक ब्याज दे रहे थे। कमेटी ने दादाभाई के प्रति कृतज्ञता प्रकट की।

"दादाभाई!" अध्यक्ष ने कहा, "आपने अपने विलक्षण मस्तिष्क से यह विसंगति ढूँढ़ निकाली, जो संभवत: कभी सामने नहीं आती। विभाग आपका यह उपकार कभी नहीं भूलेगा।"

"महोदय! इसमें उपकार कैसा। मुझे इस पद का दायित्व सौंपा गया है और मेरा यह कर्तव्य है कि मैं पद के अनुरूप अपने काम को अंजाम दूँ।"

"पद और दायित्व तो यहाँ सभी को मिले हैं, लेकिन कार्य के प्रति ऐसी निष्ठा शायद ही कोई दिखाता हो। आशा करता हूँ कि अब नगरपालिका का एक-एक कर्मचारी आपसे प्रेरणा लेकर अपने दायित्व का उचित निर्वहन करेगा।"

"दादाभाई! आज आपने जो धन-संबंधी विसंगति थी, को दूर किया, जबकि इसका दायित्व मेरा था। जो हानि हुई या होनेवाली थी, उसकी जिम्मेदारी मेरी ही होती और मैं निर्दोष फँस जाता।"

"आप घबराइए नहीं। यदि आप सबका सहयोग रहा तो मैं हो चुकी हानि की क्षतिपूर्ति सरकार से कर सकूँगा और भविष्य में होनेवाली इस हानि को भी रोका जा सकेगा।"

"हम सब आपके साथ हैं।"

दादाभाई ने उसी समय नए-पुराने आँकड़े, मूलधन और दी जा चुकी ब्याज के सभी साक्ष्य एकत्र किए तथा सूबा सरकार के सामने दावा दायर कर दिया। स्वयं दादाभाई ने केस की पैरवी की और यह सिद्ध कर दिखाया कि

सूबा सरकार ऋण देकर गलत नीति से उस पर मनमाना ब्याज वसूल रही है। इससे सरकार के वकील भी हतप्रभ रह गए, लेकिन आँकड़े झूठ नहीं बोलते। साक्ष्य गलत नहीं थे। परिणाम यह हुआ कि सूबा सरकार को भारत सरकार ने फटकार के साथ ऋण को नियमानुसार वसूलने को बाध्य किया और जो भी अतिरिक्त पैसा अब तक लिया गया था, उसे मूलधन में से हटा दिया गया। इतना ही नहीं, दादाभाई के कारण ही उस अतिरिक्त धन पर ब्याज भी मिला।

यह एक ऐसा कारनामा था, जिसने दादाभाई को और भी अधिक लोकप्रिय कर दिया था। नगरपालिका ने इतने अतिरिक्त बोझ से छुटकारा दिलाने के लिए दादाभाई का अभिनंदन किया और उन्हें पुरस्कृत करने का भी निर्णय लिया।

"मुझे पुरस्कार नहीं, बल्कि जनता को पानी चाहिए। इस पुरस्कार समारोह या किसी ऐसे आयोजन पर जो खर्च होगा, उससे कई नल लगाए जा सकते हैं। अत: यही करना उचित है।" दादाभाई ने विनम्रता से कहा।

दादाभाई के इस सुझाव का सभी ने स्वागत किया और नगरपालिका ने दुगुने जोश से बंबई में नल लगाने का कार्य किया। दादाभाई के प्रयासों से सारे नगर की प्रत्येक गली-मुहल्ले में जलापूर्ति की व्यवस्था का कार्य आरंभ हो गया। इतना ही नहीं, जब नगरपालिका ने नगर में जल की अधिक आवश्यकता को देखा तो एक और जल-कल लगाने का प्रस्ताव रखा। कमेटी के योग्य सदस्यों ने इस प्रस्ताव का प्रारूप तैयार कर लिया और आय-व्यय के आँकड़े भी बना लिए। जब यह प्रारूप दादाभाई को निरीक्षण के लिए दिया गया तो उसमें उन्होंने ऐसी कई गलतियों को चिह्नित किया, जिनसे व्यय का भार अधिक हो रहा था। उन्होंने जल पहुँचाने के मार्गों पर भी राय दी, जिससे व्यय में कटौती संभव थी। जब कमेटी ने उनका संशोधित रूप पढ़ा तो वह भौंचक्की रह गई। किस योग्यता से दादाभाई ने नगरपालिका को अतिरिक्त खर्च से बचाया था। यह देखकर सभी पदाधिकारी उनकी योग्यता का लोहा मान गए। उन्होंने अनुरोध करके दादाभाई को ही इस नई परियोजना का निरीक्षक बना दिया।

दादाभाई ने अपने आँकड़ों से सिद्ध कर दिया कि शहर में हर आदमी को प्रतिदिन 14 गैलन पानी की आवश्यकता थी। साथ ही उन्होंने जलापूर्ति की ऐसी व्यवस्था का प्रारूप तैयार किया कि प्रत्येक व्यक्ति को आवश्यकतानुसार जल उपलब्ध कराया जा सकता था। जिस नगरपालिका की कार्यक्षमता और शैली को लेकर लोगों ने कुछ वर्ष पहले आंदोलन किए थे, आज वह दादाभाई के कुशल नेतृत्व में कर्मठ और कर्मशील बन गई थी। जलापूर्ति की जैसी व्यवस्था दादाभाई ने कराई, वैसी शायद ही कोई कर पाता।

इस प्रकार दादाभाई की विलक्षण योग्यता का एक और उदाहरण मिला कि वे कभी पद को श्रेष्ठता का माध्यम न समझकर सेवा का माध्यम समझते थे। वे अपने जीवनकाल में जिस भी पद पर रहे, उससे उन्होंने जनता का भला करने का उचित प्रयास किया।

□

अर्थशास्त्री की भूमिका में

दादाभाई नौरोजी राष्ट्रीय हितों को लेकर कितने चिंतित थे, यह इससे भी सिद्ध होता है कि उन्होंने देश में पहली बार प्रति व्यक्ति आय की गणना का प्रयास किया। एक कुशल अर्थशास्त्री की भूमिका के रूप में उन्होंने 1868 में जो आकलन दिया, उसके अनुसार देश में प्रति व्यक्ति आय केवल 20 रुपए थी। उनके इस-आकलन के पीछे उनका अथाह परिश्रम और बौद्धिक-क्षमता रही। उस समय, जबकि देश में आय-व्यय के आँकड़े प्राप्त करना बहुत कठिन था, तब नौरोजी ने यह असंभव कार्य कर दिखाया था।

इस संबंध में उन्होंने कहा था—

''कोई भी देश कितनी भी संपदा एकत्र कर ले, लेकिन वहाँ के लोगों का जीवन दुःखों से भरा है। अन्नाभाव से उनके बच्चे भूख से तड़प रहे हैं, जिनके सिरों पर छत न हो और तन ढकने के लिए वस्त्र न हों और अशिक्षा का अँधियारा उनके भविष्य और वर्तमान को ढक रहा हो तो उस धन-संपदा पर इतराने का कोई महत्त्व नहीं रह जाता। हमारे देश में गरीबी और दुःखों का प्रमुख कारण है—यहाँ का प्रशासन, जिसमें कोई पारदर्शिता नहीं है, जनहितकारी कोई भावना नहीं है और कोई कल्याणकारी योजना भी नहीं है। इन सबका उत्तरदायित्व ब्रिटिश सरकार का है, जो विदेशी होने के कारण यहाँ के लोगों के सुख-दुःख में भागीदार नहीं बनती। यह सरकार भारत का धन इकट्ठा करके इंग्लैंड भेज रही है और इस देश के लोगों को दुःखों की भट्ठी में झोंकती चली जा रही है।

इसमें हमें इंग्लैंड की जनता का कोई दोष नहीं मानना चाहिए। दोष तो सरकार चलानेवाले अंग्रेज अधिकारियों का है, जो केवल लूट के सिद्धांत को ही मानते हैं। इंग्लैंड की जनता तो यही सोचती होगी कि भारत अत्यधिक धनवान देश है, जो उन्हें भी धन दे रहा है। अत: आवश्यक है कि वहाँ की जनता को ही यह बताया जाए कि कैसे उनके अंग्रेज अधिकारी भारत की जनता का शोषण करके उनके लिए धन लूट-लूटकर ला रहे हैं। मेरा विश्वास है कि वहाँ की जनता अपने लोगों के इस कृत्य पर उन्हें अवश्य ही धिक्कारेगी, क्योंकि जनता कहीं भ्रष्ट नहीं होती, भ्रष्ट तो शासन ही होते हैं।''

दादाभाई ने इस कार्य को अपने हाथ में लिया और देश की आय-व्यय के आँकड़े जुटाए। उन्होंने कठिन श्रम और भागदौड़ करके सरकारी, गैरसरकारी कार्यालयों और पत्र-पत्रिकाओं के माध्यम से रिपोर्ट तैयार की। उस समय इस प्रकार की जानकारी प्राप्त करना कितना कठिन कार्य रहा होगा, इसकी कल्पना ही की जा सकती है। फिर भी दादाभाई ने सभी आँकड़े एकत्र किए, जो निम्नवत् थे—

- देश में कितनी जमीन है और इसमें कितने भाग पर खेती होती है एवं भूमि का कितना भाग ऊसर है। इसमें बिना जोते रह जानेवाली और बोई जानेवाली कितनी भ्मि है तथा साथ ही उत्पादन कितना है।
- भारत की व्यापार-पद्धति क्या है? इसके अंतर्गत कितना माल बाहर भेजा जाता है और उससे कितने धन की प्राप्ति होती है। आयात किए जाने वाले उत्पादों की मात्रा और व्यय का मूल्य क्या है?
- देश में किस उत्पादन का आयात-निर्यात होता है? उत्पादन में कमी के क्या कारण हैं और इन्हें कैसे बढ़ाया जा सकता है?
- देश में परिवहन और यातायात पर आय-व्यय के आँकड़े क्या हैं?
- कृषि में सिंचाई परियोजनाओं की क्या स्थिति है?

ये सब आँकड़े किसी एक स्थान पर उपलब्ध नहीं थे और न ही इन्हें सरलता से उपलब्ध किया जा सकता था। विभाग इतने सहिष्णु और पारदर्शी नहीं थे, जो कि किसी साधारण जनसेवक को इन आँकड़ों को सौंप देते,

लेकिन यह दादाभाई थे, जिन्होंने अपनी असाधारण विद्वत्ता से यह संभव कर दिखाया और सभी अवरोधों से लड़ते हुए आवश्यक जानकारी एकत्र की। एक-एक कार्यालय में जाकर एक-एक आँकड़े को जुटाना कैसे संभव हुआ होगा, इस पर तो बस इतना कहा जा सकता है कि जब कोई सच्चे मन और दृढसंकल्प से किसी महान् कार्य पर निकलता है तो उसकी सहायता ईश्वर स्वयं करते हैं। दादाभाई के साथ भी यही था। वे जिस भी काम के लिए खड़े हुए, उसे उन्होंने सच्ची लगन और दृढसंकल्प के साथ पूरा करने में सफलता प्राप्त की।

जब सब आँकड़े इकट्‌ठे हो गए तो दादाभाई ने सबका गहन अध्ययन किया और क्रमबद्ध करके एक पुस्तक लिखी। 'पावर्टी ऑफ इंडिया' नाम की इस पुस्तक को प्रकाशित करके इंग्लैंड की जनता तक पहुँचाया गया, जिससे वहाँ की जनता आश्चर्य में पड़ गई कि जिस देश को वे अपार धनवान समझते थे, उसकी प्रति व्यक्ति आय केवल 20 रुपए थी। दादाभाई और ईस्ट इंडिया एसोसिएशन ने इन आँकड़ों के माध्यम से लेख पढ़े और लंदन सरकार के सामने एक लंबा महत्त्वपूर्ण भाषण भी दिया, जो प्रभावशाली रहा।

इसका प्रभाव यह पड़ा कि लंदन की लोकसभा में एक कमेटी बिठाई गई और कहा गया कि भारत के राजकाज की पूरी जाँच की जाए और इसमें आय-व्यय तथा फिजूलखर्ची पर विशेष ध्यान दिया जाए। इस रिपोर्ट के आधार पर भारत में सुधारों का क्रियान्वयन किया जाए।

दादाभाई का यह महान् कार्य वास्तव में तब और महान् हो जाता है, जब हम यह देखते हैं कि देश की तत्कालीन शासन-पद्धति कितनी असहयोगी और असहिष्णु थी। उन्होंने जिस तन्मयता से इस कार्य को किया, वह प्रशंसनीय है।

उस समय, जबकि देश की आय-व्यय का कोई ज्ञान किसी को नहीं था, तब दादाभाई ने यह कार्य कर दिखाया, जिससे साफ स्पष्ट है कि वे एक महान् अर्थशास्त्री थे। प्रति व्यक्ति आय वह सर्वश्रेष्ठ सूचक है, जिससे किसी भी देश की आर्थिक विकास दर निर्धारित होती है। आज की उसी विधि से यह निर्धारण किया जाता है, जिसमें कई चरण होते हैं—

सबसे पहले राष्ट्रीय आय की गणना के लिए उत्पादन-पद्धति और आय-पद्धति का सहारा लेकर एक निश्चित अवधि के बीच का समय लिया जाता है। भारत में 1 अप्रैल से 31 मार्च तक को वित्तीय-वर्ष कहते हैं। राष्ट्रीय आय की अवधारणाओं में सकल राष्ट्रीय उत्पाद व शुद्ध राष्ट्रीय उत्पाद का आकलन करके प्रति व्यक्ति की (जनसंख्या के आँकड़ों) आय का निर्धारण होता है।

इस परिप्रेक्ष्य में देखा जाए तो दादाभाई नौरोजी को इस महान् कार्य के लिए वंदनीय कहा जा सकता है। 'पावर्टी ऑफ इंडिया' पुस्तक सन् 1876 में प्रकाशित हुई थी और 1872 तक भारत में जनगणना नहीं हुई थी। नियमित जनगणना भी 1881 में हुई थी। अत: कहा जा सकता है कि दादाभाई ने प्रथम 1872 में प्रयोगस्वरूप हुई जनगणना के आधार पर ही प्रति व्यक्ति आय का आकलन कर लिया था। उन्होंने समस्त आँकड़ों को जुटाने में कितना श्रम किया होगा, इसकी केवल कल्पना ही की जा सकती है।

□

लॉर्ड रिपन और दादाभाई नौरोजी

भारत में जितने भी अंग्रेज गवर्नर आए, वाइसराय आए, उनमें सबसे सहिष्णु लॉर्ड रिपन रहे। इन्होंने 1880 से 1884 तक के अपने कार्यकाल में कई ऐसे सुधार किए, जिनसे भारत को लाभ हुआ। लॉर्ड रिपन के मन में मानवीयता की भावना थी। इनसे पूर्व वाइसराय रहे लॉर्ड लिटन सुशिक्षित साहित्यकार और कलम के धनी थे, किंतु फिर भी इन्होंने 1878 ई. में भारतीय समाचार-पत्र अधिनियम (वर्नाक्यूलर प्रेस एक्ट) पारित करके कलम की स्वतंत्रता पर प्रतिबंध लगा दिया था। जब लॉर्ड रिपन वाइसराय बनकर आए तो उन्होंने इस प्रेस एक्ट को समाप्त कर दिया। उन्होंने ही सिविल सर्विसेज में प्रवेश की आयु को 19 वर्ष से बढ़ाकर 21 वर्ष किया, जिसे लॉर्ड लिटन ने 21 वर्ष से 19 वर्ष कर दिया था।

यह लॉर्ड रिपन ही थे, जिन्होंने भारत में स्थानीय स्वशासन को मान्यता दी और शैक्षणिक सुधारों के लिए हंटर-आयोग का गठन किया।

लॉर्ड रिपन ने एक और महत्त्वपूर्ण तथा ऐतिहासिक निर्णय लिया, जिसने अंग्रेज अधिकारियों में खलबली मचा दी थी। उन्होंने अल्बर्ट विधेयक को पारित किया। इस विधेयक के अंतर्गत अंग्रेज और यूरोपीय मुल्जिमों के मुकदमे की सुनवाई भारतीय न्यायाधीशों को करने की नई प्रणाली को मान्यता दी गई थी।

इस विधेयक के विरुद्ध यूरोपीय लोगों ने विद्रोह कर दिया था, जो इतिहास में 'श्वेत विद्रोह' के नाम से जाना गया। इस विद्रोह के कारण यद्यपि

अल्बर्ट विधेयक काम में न लाया जा सका और इसे वापस लेना पड़ा, तथापि इससे लॉर्ड रिपन की भारत के प्रति उदारता और सहृदयता का अवश्य पता चलता है। भारत के प्रति उदारता के कारण ही 'लेडी विद द लैंप' की उपाधि से विभूषित फ्लोरेंस नाइटिंगेल ने लॉर्ड रिपन को 'भारत के उद्धारक' की संज्ञा दी थी।

उन दिनों श्रमिक वर्ग की भी बहुत दयनीय दशा थी। जमींदार, मिल मालिक और अंग्रेज उद्योगपति श्रमिकों के साथ अत्यंत क्रूर व्यवहार करते थे। उनसे बंधुआ मजदूरों की भाँति काम लिया जाता था। यदि कोई मजदूर कुछ साहस करके कानून की शरण में चला जाता था तो उसे डराया-धमकाया जाता था। बहुत अधिक दबाव पड़ने पर इन अत्याचारियों के विरुद्ध कोई कानूनी काररवाई होती भी थी तो वह मामूली अर्थदंड ही होता था। दादाभाई नौरोजी ने इस दिशा में ठोस तथ्य एवं प्रमाण एकत्र किए और उन पर एक विशेष रिपोर्ट तैयार की। उन्होंने इस संबंध में लॉर्ड रिपन को जानकारी दी। दादाभाई नौरोजी के इन प्रयासों के सुखद परिणाम निकले।

लॉर्ड रिपन ने सन् 1881 में पहला 'कारखाना अधिनियम' लागू किया, जो श्रमिकों को राहत देने के लिए पहला कदम सिद्ध हुआ।

लॉर्ड रिपन ने जब सन् 1882 में 'स्वशासन' और 'स्वदेशी' को मान्यता दी थी, तो दादाभाई नौरोजी ने उनकी बात का समर्थन और स्वागत किया। इसके साथ ही दादाभाई ने लॉर्ड रिपन को यह सुझाव भी दिया कि जिस प्रकार वे 'स्वशासन' और 'स्वदेशी' जैसे विषयों पर उदार हैं, उसी प्रकार उन्हें प्रशासनिक सेवाओं में भी भारतीयों की भागीदारी सुनिश्चित करनी चाहिए। लॉर्ड रिपन ने इस संबंध में भी आश्वासन दिया।

दादाभाई ने लॉर्ड रिपन के साथ मिलकर कई सुधारपूर्ण नियम बनवाए और उन्हें लागू करवाने में महत्त्वपूर्ण भूमिका अदा की।

जब लॉर्ड रिपन की सहृदयता का यूरोपियनों ने अत्यंत विरोध किया तो दादाभाई उनके समर्थन में उठ खड़े हुए। उन्होंने ब्रिटिश सरकार से पुरजोर माँग की कि लॉर्ड रिपन को और अधिक समय तक के लिए भारत में रखा जाए।

लॉर्ड रिपन का अंग्रेजों ने इतना विरोध किया कि उन्होंने परेशान होकर अपने पद से त्यागपत्र दे दिया। यह सत्य है कि लॉर्ड रिपन अपनी सहृदयता और उदारता के कारण भारतीयों में बहुत लोकप्रिय हो गए थे।

दादाभाई नौरोजी न केवल अवसर ढूँढ़ते थे, बल्कि अवसर बनाते भी थे और कई बार अवसर स्वयं ही उनके सामने उभर आते थे। इन अवसरों को देशहित के लिए लाभ उठाने में उन्होंने कभी आलस्य नहीं किया। प्रेस पर लगा प्रतिबंध समाप्त होते ही उन्होंने सन् 1882 के प्रारंभ में ही एक मासिक-पत्रिका का प्रकाशन आरंभ कर दिया था। 'वॉयस ऑफ इंडिया' नाम की इस पत्रिका में वे भारत की आवश्यकताओं और अंग्रेजी प्रशासन की शिथिलता पर खूब लिखते थे। यह पत्रिका लंदन की जनता तक पहुँचाई जाती और उनसे भी न्याय की माँग की जाती। इस पत्रिका के माध्यम से दादाभाई ने बहुत अधिक समर्थन पाया और भारत की आवाज लंदन तक पहुँचाई।

नगरपालिका के दूसरे कार्यकाल में भी दादाभाई ने अनेक सुधार किए और ऐसा तभी संभव हो सका, जब लॉर्ड रिपन वाइसराय थे।

सन् 1885 में दादाभाई ने अपनी सफलताओं का आकलन किया और निर्णय किया कि अब देश में राजनीतिक कार्यों का प्रतिनिधित्व करने के लिए एक संस्था बनाने का समय आ गया है। उन्होंने सप्रयास एक संस्था का गठन किया, जो देश की पहली राजनीतिक संस्था बनी। 'बंबई प्रेसीडेंसी एसोसिएशन' नाम की यह संस्था कुछ ही दिनों में अत्यंत लोकप्रिय हो गई। दादाभाई इसके अध्यक्ष बने। इस संस्था के माध्यम से दादाभाई सामाजिक, आर्थिक और राजनीतिक जैसे सभी-क्षेत्रों में देश की भरपूर सेवा करने के लिए बड़े जोश के साथ जुट गए।

ब्रिटिश लोकसभा में

इंग्लैंड में राजनीतिक दृष्टिकोण बहुत पारदर्शी था और वहाँ लोकसभा चुनाव लड़ने की ऐसी स्वतंत्रता थी कि इंग्लैंड के सभी उपनिवेशों के लोग चुनाव लड़ सकते थे, यद्यपि जीतने की संभावना कम ही थी। कारण यह

था कि इंग्लैंड के मतदाता इतने सहिष्णु नहीं थे, जो अपने अधीन देशों के नागरिकों को वोट दे सकते। उनकी दृष्टि में इस देश में लोकसभा के सदस्य-पद की योग्यता के अनुसार अन्य देशों में योग्य व्यक्ति नहीं थे। इंग्लैंड के साधारण अंग्रेज नागरिक तो इन गुलाम देशों के नागरिकों को निम्न और अयोग्य ही समझते थे।

दादाभाई बहुत समय से इंग्लैंड में रह रहे थे और यह जान चुके थे कि जब तक इंग्लैंड की लोकसभा में भारतीय प्रतिनिधि नहीं होगा, तब तक उनके प्रयासों को केवल आंशिक सफलता ही मिलेगी। उन्होंने गहन विचार किया और इस निर्णय पर पहुँचे कि उन्हें ही लोकसभा का चुनाव लड़ना चाहिए। इस संबंध में उन्होंने अपने खास मित्रों से चर्चा भी की, जिनमें भारतीय और अंग्रेज दोनों ही थे। मित्रों ने उनके इस प्रस्ताव का स्वागत किया। लोकसभा के चुनाव नजदीक आ गए थे और कोई विशेष तैयारी नहीं थी, फिर भी दादाभाई ने हिम्मत नहीं हारी और वे टिकट लेने के प्रयास में जुट गए। ईस्ट इंडिया एसोसिएशन के मित्र भी उनकी हर संभव सहायता कर रहे थे।

इंग्लैंड में उस समय मुख्य रूप से दो ही राजनैतिक दल थे, जो सत्ता के समीकरण तय करते थे। इनमें एक तो 'लिबरल पार्टी' नाम का दल था, जिसे उदार दल के रूप में जाना जाता था। इस दल का मानना था कि मानवीय आधार पर विश्व का संचालन हो और प्रत्येक देश व उसके नागरिकों को उन्नति के अवसर उपलब्ध हों। भले ही किसी देश में किसी भी देश का शासन हो, लेकिन नागरिक सुविधाएँ समान हों। भारत के बारे में भी इस उदार दल का रवैया सहिष्णु ही था। उदारवादी चाहते थे कि भारत के लोग भी ब्रिटिश साम्राज्य की छत्रच्छाया में रहकर स्वशासन के योग्य बनें और प्रगति करें। दादाभाई के अधिकतर मित्र इसी उदार दल के थे।

इसके विपरीत दूसरा दल 'कंजर्वेटिव पार्टी' के रूप में था, जो साम्राज यवाद, सामंतवाद और प्रभुता का समर्थक था। इस दल के लोग संपूर्ण विश्व को ब्रिटिश झंडे के नीचे लाने की विचारधारा रखते थे। वे अधीन देशों को किसी भी स्थिति में नहीं उबरने देने की बात करते थे। विडंबना यह थी कि

यही दल सत्ता में ज्यादा रहता था। कारण इंग्लैंड की मानसिकता थी कि ऊँचे रहना और तब न्याय बाँटना।

दादाभाई को उदार दल की ओर से चुनाव में उतारा गया। चुनाव की कोई विशेष तैयारी नहीं थी और चुनाव-क्षेत्र पर भी बहुत मंथन के बाद निर्णय हो सका था। उन्हें हालबर्न क्षेत्र से उम्मीदवार बनाया गया। यह 1886 के ब्रिटेन लोकसभा चुनाव की बात है। चुनाव हुए और मतों की गिनती हुई। दादाभाई को 1950 वोट मिले, जबकि उनके विरोधी उम्मीदवार, जो कि अनुदार दल से प्रत्याशी था, को 3,651 वोट मिले। दादाभाई भारी अंतर से हारे थे, लेकिन उन्हें इस हार ने प्रोत्साहित किया था। इतने बड़े चुनाव में एक भारतीय को 2,000 के लगभग वोट मिलना कोई छोटी उपलब्धि नहीं थी। यह एक प्रकार से साम्राज्यवाद के गढ़ में अधिकारवाद की सेंध थी।

दादाभाई की हार से उनके मित्रों को बड़ी निराशा हुई। भारत में भी इस चुनाव पर विशेष दृष्टि थी। भारतवासी भगवान् से प्रार्थना कर रहे थे कि इस चुनाव में उनके प्रिय दादाभाई को सफलता मिले, लेकिन यह एक विशुद्ध गणितीय राजनीतिक मतदान था। उनकी हार से भारत में भी निराशा हुई। यद्यपि दादाभाई और उनकी लिबरल पार्टी को इस परिणाम पर कोई आश्चर्य नहीं हुआ, क्योंकि जिस क्षेत्र से दादाभाई चुनाव में उतरे थे, वह पहले से ही अनुदार दल के प्रभाव में था। उदार दल का तो यहाँ तक मानना था कि इतने वोट भी केवल दादाभाई की लोकप्रियता से ही मिल सके हैं, अन्यथा उस क्षेत्र से लिबरल पार्टी के अंग्रेज प्रत्याशी को हजार वोट भी मुश्किल से मिल पाते।

भारत से कुछ लोगों ने दादाभाई को पत्र लिखे कि वे वापस भारत लौट आएँ और यहीं रहकर देश की सेवा करें। पत्र के अनुसार इंग्लैंड में रहकर कुछ भी हासिल नहीं होनेवाला था। इसके विपरीत दादाभाई ऐसा नहीं समझते थे। वे अब तक जान चुके थे कि वे सही मार्ग पर जा रहे हैं। कठिनाइयों और असफलताओं से वे डरनेवाले व्यक्ति नहीं थे। उन्हें चुनाव की इस हार से निराशा नहीं हुई थी, अपितु विश्वास बढ़ा था कि यदि ठीक से तैयारी की जाए तो ब्रिटिश संसद् में पहुँचा जा सकता है। खैर, फिलहाल अभी तो चुनाव

होने में बहुत समय शेष था। अत: इस समय का उपयोग तैयारियों और अन्य कार्यों में बिताना ही उचित था।

इसी बीच भारतीय राष्ट्रीय कांग्रेस का दूसरा अधिवेशन कोलकाता में होनेवाला था। कांग्रेस के मुख्य लोग चाहते थे कि इस बार अधिवेशन की अध्यक्षता दादाभाई नौरोजी करें, तो देश में कांग्रेस को व्यापक समर्थन और पहचान मिल सकती है। ज्ञातव्य है कि 1886 में कांग्रेस अभी उस स्थिति में थी, जिसे बहुत लंबा सफर तय करना था।

दादाभाई ने कांग्रेस अधिवेशन का अध्यक्ष बनना स्वीकार कर लिया और वे भारत लौट आए। जैसी कि अपेक्षा थी कि दादाभाई की अध्यक्षता से लाभ होगा तो यही हुआ। कांग्रेस से भारत की सभी छोटी-बड़ी राजनीतिक संस्थाएँ जुड़ गईं।

उसी समय भारत में ब्रिटिश सरकार गंभीरता से एक महत्त्वपूर्ण विषय पर विचार कर रही थी। यह विचार प्रशासनिक सेवाओं में भारतीयों को भी अवसर उपलब्ध कराने के बारे में था। दादाभाई इस विषय को लेकर बहुत समय से सरकार पर दबाव बना रहे थे और उनकी लगभग सभी तैयारियाँ पूरी थीं तो वे सरकार के उस आयोग से मिले, जो इस विषय की जाँच कर रहा था।

दादाभाई ने आयोग के सामने अपनी बात रखी और पूर्व में जुटाए गए सभी साक्ष्य दिखाए। वे पहले लंदन लोकसभा में भी इस विषय पर तीखी बहस कर चुके थे और बाद में भी उन्होंने इस विषय पर निरंतर लेख लिखे थे। उन्होंने सभी तथ्य सामने रखे और माँग की कि भारतीय सिविल सर्विसेज की परीक्षाएँ इंग्लैंड के साथ भारत में भी हों और इनमें प्रवेश का मानदंड अंग्रेजों और भारतीयों के लिए समान ही रखा जाए। साथ ही इस परीक्षा में उत्तीर्ण भारतीयों को भी बिना किसी भेदभाव के अंग्रेज अधिकारियों के समान ही वेतन, अवकाश और सुविधाएँ दी जाएँ। दादाभाई ने इस संबंध में ईस्ट इंडिया एसोसिएशन की माँग का समर्थन-पत्र भी आयोग के सामने प्रस्तुत किया और साथ ही ब्रिटिश संसद् में इस विषय पर हुए प्रस्ताव और उस प्रस्ताव के समर्थन की भी प्रति दिखाई। अत: कहा जा सकता है कि दादाभाई ने आयोग

को संतुष्ट करने का हरसंभव प्रयास किया।

इसके बाद दादाभाई सन् 1887 के आरंभ में ही लंदन लौट गए और वहाँ भारतीय हितों संबंधी कार्यों के साथ लोकसभा के चुनाव की तैयारियों में जुट गए। इस बार वे किसी भी प्रकार चुनाव जीतने का संकल्प कर चुके थे। अत: उन्होंने उसी समय से विभिन्न संस्थाओं से मेल-मिलाप आरंभ कर दिया। एक वर्ष में ही उनका परिश्रम रंग लाया और उनकी पार्टी व मित्रों को वर्ष 1888 में ही उनकी जीत के स्पष्ट संकेत मिलने लगे थे। अब पार्टी को कमान सँभालनी थी और उनके लिए ऐसा चुनाव-क्षेत्र चुनना था, जहाँ से उनकी विजय की संभावना वास्तविकता में बदले। गहन मंथन और विचार-विमर्श के बाद निर्णय हुआ कि इस बार दादाभाई को सेंट्रल फिंसरीब से मैदान में उतारा जाए। इस क्षेत्र में दादाभाई को प्रबल समर्थन मिलने की आशा थी। पहले क्षेत्र के मतदाताओं की राय भी जानी गई। दादाभाई स्वयं एक-एक मतदाता से जाकर मिले। पार्टी ने भी उनके प्रचार के लिए एक प्रचार समिति का गठन किया, जो पूरे जोश से उनके पक्ष में प्रचार कर रही थी। दादाभाई ने मतदाताओं को इस प्रकार समझाया कि क्षेत्र में अकसर उनके और भारत के बारे में ही चर्चा होने लगी थी।

यहाँ यह बताना भी आवश्यक होगा कि उनकी पिछली हार को देखते हुए लिबरल पार्टी के कुछ अधिकारी अभी भी शंकित थे कि वे इस बार विजयी होंगे या नहीं। इसका मुख्य कारण लंदन के चुनाव का इतिहास था, जिसमें कभी कोई अधीन देश का नागरिक न तो विजयी हुआ था और न अंग्रेज मतदाताओं की रुचि ऐसे लोगों को वोट देने में थी। यही कारण था कि पार्टी के कुछ लोग उनके चुनाव में रुचि नहीं दिखा रहे थे।

उस समय कंजर्वेटिव पार्टी के वरिष्ठ नेता और इंग्लैंड के तत्कालीन प्रधानमंत्री लॉर्ड सेलिसबरी ने एक ऐसा बयान दे दिया, जिससे हवा का रुख ही बदल गया। चुनाव का मुद्दा ही उनकी वह टिप्पणी बन गई। उन्होंने अपने एक भाषण में दादाभाई को 'काला आदमी' कह दिया। इस नस्लभेदी टिप्पणी ने उदारवादी पार्टी को अवसर दिया और मतदाताओं की मानसिकता के रूप

में प्रचारित किया जाने लगा। दल के वरिष्ठ और विश्व-राजनीति में विख्यात राजनीतिज्ञ ग्लैडस्टोन ने विपक्षी दल की इस टिप्पणी को भ्रष्ट और गंदी राजनीति की चरम-सीमा कहा और लॉर्ड सेलिसबरी की कटु आलोचना की।

5 मार्च, 1892 तक यानी चुनाव होने तक ब्रिटेन की राजनीति में यह टिप्पणी कंजर्वेटिव पार्टी की गले की फाँस बनी रही और जब चुनाव हुए तो जनता ने दादाभाई को लोकसभा की राह दिखा दी। वे चुनाव में जीत गए। उन्हें अपने विपक्षी उम्मीदवार से तीन वोट अधिक मिले थे। हालाँकि संख्या से आधार पर यह जीत बड़ी नहीं थी, लेकिन यह एक ऐसी बड़ी जीत समझी गई, जिसकी तुलना में शायद ही कोई जीत हो। उदार पार्टी ने इस जीत का ऐसा जश्न मनाया, जैसा उन्होंने अपनी सरकार पर भी न मनाया होगा।

भारत में भी इस जीत के उपलक्ष्य में जगह-जगह जश्न मनाए गए। भारतीयों के लिए तो यह जैसे किसी दीवाली के उत्सव की तरह था। आतिशबाजी और रोशनी में भारत के नगर और गाँव तक प्रकाशमान हो उठे।

यह भारत और इंग्लैंड दोनों के इतिहास में महापरिवर्तन की घटना थी। भारत के लिए यह गौरव का विषय था तो इंग्लैंड भी इस उपलब्धि पर झूम रहा था। जहाँ भारत के लोग दादाभाई का गुणगान कर रहे थे, वहीं इंग्लैंड के लोग भी अपनी न्यायप्रियता में वृद्धि देख रहे थे। समान अधिकार पर उनकी प्रभुता का महत्त्व और भी बढ़ जानेवाला था। इससे अधिक तो श्रेय दादाभाई की मेहनत, निष्ठा और समर्पण को देना होगा, जिन्होंने अपने व्यक्तित्व और योग्यता से अपना वह लक्ष्य पा लिया था, जिसके लिए वे इंग्लैंड आए थे। अब वे लोकसभा में अधिकार के साथ व शक्ति के साथ अपने देश की बात को रख सकते थे। उन्होंने यही किया था।

लोकसभा का अधिवेशन शुरू होने से पहले इंग्लैंड की संसद् में सरकार की ओर से पहला भाषण होने की परंपरा थी। इस बार इस भाषण पर जब लोकसभा के कुछ सदस्यों के विचार जाने गए तो उनमें से दादाभाई नौरोजी भी थे, जिन्होंने अपने पहले ही वक्तव्य में सिद्ध कर दिया कि वे केवल पद के लिए ही वहाँ नहीं थे, बल्कि उनका लक्ष्य बड़ा व्यापक था। उन्होंने अपनी

जीत का श्रेय अंग्रेज जनता को दिया और इसे अपनी नहीं, बल्कि मानवीय अधिकारों की जीत कहा। अंग्रेज जनता की पारदर्शिता की प्रशंसा की, जिसने इतिहास बदलकर रख दिया।

दादाभाई लोकसभा की प्रत्येक बैठक में हिस्सा लेते और एक दक्ष एवं अनुभवी प्रतिनिधि की तरह अपने विचार रखते। लोकसभा के अन्य सदस्यों को हैरानी होती थी कि लोकतंत्र में योग्यता प्राप्त करने में बड़े-बड़े राजनीतिज्ञों का लंबा समय निकल जाता है और दादाभाई तो इस प्रकार प्रश्न और उत्तर करते, जैसे इस क्षेत्र का उन्हें पूर्व अनुभव था। उन्होंने अंग्रेजों की यह धारणा मिथ्या सिद्ध कर दी कि भारतीय बौद्धिक क्षमता में कमजोर हैं। उन्होंने दिखा दिया कि अवसर मिले तो भारतीय कुछ भी करने में सक्षम हैं। इससे पहले किसी भारतीय या अंग्रेज ने भी नहीं सोचा होगा कि भारत में इस प्रकार की प्रतिभाएँ हैं, जो विषम परिस्थितियों में भी व्यापक ख्याति अर्जित करने में सक्षम हैं।

दादाभाई ने भारत का सम्मान बढ़ाया और इससे स्वयं उनका भी आत्मविश्वास बढ़ा। यह महान् उपलब्धि थी। दादाभाई ऐसे अनोखे व्यक्ति थे, जो न तो अंग्रेज थे, न अंग्रेजभक्त थे, न कोई उद्योगपति थे, लेकिन फिर भी ब्रिटिश लोकसभा का सदस्य बनने का गौरव उन्होंने पाया। उन्हें कभी प्रोफेसर आर्लेवर ने 'भारत की आशा' कहा था तो आज उन्होंने इस विशेषण को अपने अथक परिश्रम और उपलब्धि से सिद्ध भी कर दिया था।

उन्होंने लोकसभा की हर बैठक में अपनी प्रतिभा और ज्ञान से लोगों को हतप्रभ किया। उनकी स्मरणशक्ति का लोग लोहा मानते थे। आँकड़े तो जैसे उनके दिमाग के किसी कोने में सुरक्षित रखे थे। वे लोकसभा में उठनेवाले अधिकतर प्रश्नों पर बहस भी करते थे। भारत से संबंधित प्रश्न तो उनके लिए जैसे ऊर्जा का काम करते थे, लेकिन इसके अलावा भी वे अन्य विषयों पर होनेवाली बहस में भाग लेते। बात जब भारत के अधिकारों की आती तो उनकी वाणी और भी मुखर हो जाती।

उन दिनों भारत में वाइसराय लॉर्ड लैंसडाउन थे, जो अन्य वाइसराय की

भाँति ही भारत को केवल अंग्रेजों का गुलाम ही समझते थे। अपने कार्यकाल में उन्होंने भारतीय हित में कोई विशेष उल्लेखनीय कार्य नहीं किया। उनके कार्यों में चर्चा योग्य यही है कि उन्होंने भारत-अफगानिस्तान के बीच सीमारेखा का निर्धारण किया, जो आज भूगोल में डूरंड रेखा के नाम से जानी जाती है।

उस समय वैश्विक अर्थव्यवस्था में भी भारी उथल-पुथल मची हुई थी। मुद्रा सोना ही था, जिसमें भारी उतार-चढ़ाव हो रहे थे। इससे अंग्रेज सरकार के अधीन देशों की मुद्रा पर सबसे अधिक प्रभाव पड़ता था और भारत भी उन्हीं में से एक था। इस आर्थिक हलचल में भारतीय रुपए की कीमत गिरती जा रही थी। ऐसे में वाइसराय लॉर्ड लैंसडाउन ने ब्रिटिश सरकार से एक अनोखी सिफारिश की। उनका कहना था कि भारत में नियुक्त अंग्रेज सैनिक, असैनिक कर्मचारियों और अधिकारियों के वेतन में वृद्धि की जाए।

इस विषय पर लोकसभा में बहस हुई। सरकार चाहती थी कि इस विषय में जाँच आयोग गठित किया जाए, जो भारत में इस वेतन-वृद्धि की आवश्यकता के कारणों की जाँच करे। दादाभाई ने इस प्रस्ताव का प्रबल विरोध किया। उन्होंने स्पष्ट कहा कि वेतन-वृद्धि की आवश्यकता के कारणों को घर में बैठे भी पैदा किया जा सकता है, क्योंकि वह अंग्रेज सैनिक और असैनिक कर्मचारियों के हित में है। उन्होंने इसके विरोध में आगे कहा—

"हमें यह नहीं भूलना चाहिए कि आर्थिक हलचल के कारण भारतीय मुद्रा में गिरावट होने से वर्तमान में भारत पर घोर संकट के बादल मँडरा रहे हैं। गरीबी और भुखमरी के बढ़ने के आसार साफ हैं और हंम लोग उनकी कोई परवाह किए बिना वहाँ की गरीब जनता पर अंग्रेज कर्मचारियों को मुआवजा देने का बोझ लाद रहे हैं। यदि सरकार वेतन-वृद्धि के कारण की जाँच कर सकती है तो भारत के लोगों की आधारभूत आवश्यकताओं की जाँच भी कराई जाए, जो इस समय बढ़ती जा रही हैं।"

दादाभाई ने यह भी प्रश्न किया कि वेतन-वृद्धि के कारण जो अतिरिक्त खर्च बढ़नेवाला है, उसके लिए पैसा कहाँ से आएगा! क्या भारत की जनता, जो पहले ही करों के बोझ से लदी हुई है, उस पर और कर बढ़ाए जाएँगे!

क्या यह एक संवेदनहीनता भरा निर्णय नहीं है? भारतीय जनता कब तक बैलों की भाँति करों के बोझ को ढोती रहेगी, जो प्रतिदिन बढ़ते ही जा रहे हैं? इसमें कोई शक नहीं कि ब्रिटिश सरकार की करों की लालच भारतीयों के जीवन को दुरुह बना रही है।

अंतिम बात दादाभाई ने तब खीझकर कही, जब सदन में उनके किसी भी प्रश्न के उत्तर में कोई आवाज नहीं आई। दादाभाई ने अपने भारतीय होने और भारतीय हितचिंतक होने के नाते निर्भीकता से अपनी बात कही। उन्होंने निर्भय होकर साम्राज्यवाद के समर्थकों को उनके ही घर में ललकारा। बेशक, अपनी मनमरजी पर उतर आई सरकार उन दलीलों से प्रभावित न हुई हो, लेकिन इससे दादाभाई के राष्ट्रीय प्रेम और योग्यता पर कोई प्रभाव नहीं पड़ता। वे निर्भीकता से अपनी बात कहते रहे।

सदन में भले ही उनके अधिक राष्ट्रीय प्रेम पर सदस्यों का उनसे मोहभंग हो रहा हो, लेकिन सच यह था कि उनके कुछ मुद्दों पर उन्हें समर्थन भी प्राप्त था। उन्होंने 2 जून, 1893 को अपने एक मित्र द्वारा सदन में भारतीय सिविल सर्विस से संबंधित प्रस्ताव रखवाया और फिर स्वयं इस प्रस्ताव की कड़ी पैरवी की।

सरकार समझ रही थी कि दादाभाई तो रोज एक-न-एक मुद्दा उठाते रहते हैं, जिसे सदन में समर्थन ही नहीं मिलता। यह सोचकर सरकार ने इस प्रस्ताव का विरोध नहीं किया, क्योंकि उसे लगता था कि सदन के सदस्य उस प्रस्ताव को अस्वीकार कर देंगे, लेकिन हुआ इसके विपरीत। सरकार की ओर से कोई विरोध न किए जाने के कारण प्रस्ताव को पास कर दिया गया, जिससे सरकार भौंचक्की रह गई।

दादाभाई ने जिस तरह से यह अवसर पैदा किया था, वह अपने आप में एक अद्वितीय उदाहरण है। यह उनकी ऐसी जीत थी, जो उनकी विद्वत्ता और उनके विलक्षण मस्तिष्क को परिभाषित करती थी। उनके होंठों पर जो विजयी मुसकराहट थी, उसे उनके सदस्य साथी न समझ पाए हों, लेकिन सरकार के नुमाइंदे अवश्य समझ रहे थे। दादाभाई ने ब्रिटिश सरकार के अधीन ही

सही, लेकिन भारतीयों के प्रशासनिक- सेवा में जाने के मार्ग में एक बहुत बड़ी उपलब्धि प्राप्त कर ली थी।

जब भारत में यह समाचार पहुँचा तो सारा देश झूम उठा। दादाभाई ने देश के लोगों को बहुत बड़ी खुशी दी थी। जो लोग कहते थे कि इंग्लैंड में रहकर भारत का हित होने की कोई संभावना नहीं है, वे अब कहते नहीं थक रहे थे कि दादाभाई वाकई अद्‌भुत हैं, जो कुछ भी उन्होंने कहा, उसे करके दिखाया।

□

कमीशन सदस्य के रूप में

यह वह समय था, जब भारत वैश्विक मंच पर अपनी सनातन संस्कृति की श्रेष्ठता सिद्ध करने हेतु लालायित था। सन् 1893 में अमेरिका में विश्व-धर्म सम्मेलन का आयोजन किया जा रहा था। इस सम्मेलन में भारत के युवा संन्यासी स्वामी विवेकानंद ने 11 सितंबर, 1893 को शिकागो में अपने व्याख्यान की प्रथम पंक्ति से ही करवट बदलते भारत का संकेत दे दिया था। उस समय तालियों की गड़गड़ाहट ने बता दिया था कि अब भारत को नजरअंदाज करना, किसी भी देश के लिए सरल नहीं होगा। राजनीतिक चेतना का आगाज तो दादाभाई कर ही चुके थे, दूसरी ओर धार्मिक चेतना से विश्व भर को झकझोर देने का बीड़ा युवा संन्यासी स्वामी विवेकानंद ने उठाया था। यह वर्ष भारत के लिए बड़ा ही शुभ कहा जा सकता है।

दादाभाई नौरोजी ने ब्रिटिश संसद् में झंडा गाड़ दिया था और उनकी ख्याति सुगंध की भाँति चारों ओर फैलती ही जा रही थी। कांग्रेस ने भारत में इस उपलब्धि को देशहित के लिए सबसे बड़ी और महान् उपलब्धि कहा और निर्णय लिया गया कि कांग्रेस के होनेवाले नौवें अधिवेशन की अध्यक्षता दादाभाई ही करेंगे। इससे दादाभाई को भारत बुलाकर उनका भव्य अभिनंदन करने का भी अवसर प्राप्त होगा, ताकि राष्ट्र अपने उस महान् नेता के प्रति कृतज्ञता प्रकट कर सके।

कांग्रेस ने एक सविनय पत्र लिखकर देशवासियों की इच्छा से दादाभाई को अवगत करा दिया। दादाभाई देशवासियों की प्रसन्नता के लिए हर समय

तत्पर रहते थे। दिसंबर 1893 में वे इंग्लैंड से भारत पहुँचे। बंबई के बंदरगाह पर उनका ऐसा भव्य स्वागत हुआ कि उनकी आँखें छलक उठीं।

बंदरगाह पर दूर-दूर तक भारतीयों की भीड़ और उनके खिले हुए चेहरे देखकर दादाभाई को अपना जीवन-सार्थक प्रतीत हुआ। उनके स्वागत के लिए बंदरगाह पर बंबई के गवर्नर और उच्च न्यायालय के न्यायाधीश भी उपस्थित थे।

दादाभाई का जिस प्रकार स्वागत किया गया, इस बारे में एक अखबार ने टिप्पणी करते हुए लिखा—

'भारतवासियों ने आज तक जैसा भव्य स्वागत दादाभाई नौरोजी का किया, वैसा कभी राजा राममोहन राय का ही हुआ था।'

दादाभाई तो जैसे सर्वनिधि पा गए थे। देशवासियों द्वारा इतना सम्मान और प्रेम पाकर उनके अपने वे सभी कष्ट विस्मृत होने लगे, जो ब्रिटिश संसद् में विरोधियों द्वारा किए जानेवाले व्यंग्य बाणों से होते थे। दादाभाई ने देश की इस नवचेतना को प्रणाम किया। इससे निश्चय ही सुखद भविष्य की संभावना को बल मिला।

कांग्रेस के लाहौर अधिवेशन में दादाभाई अध्यक्ष बनकर सम्मिलित हुए। भारत में अपने कार्यों को पूरा कर वे पुनः इंग्लैंड लौट गए। इंग्लैंड में इस बार उनके पास एक नया ही विषय था। यद्यपि इस संबंध में वे पार्लियामेंट का सदस्य होने से पूर्व भी लेख पढ़ चुके थे, तथापि अब वे पार्लियामेंट के सदस्य थे और अब उनकी आवाज सुनी जाती थी। उन्होंने गहन अध्ययन के द्वारा जाना था कि भारत में अंग्रेज सरकार राज कार्यों और सरकारी कर्मचारियों पर अनावश्यक धन खर्च करती है और उसका अतिरिक्त बोझ भारतीय जनता पर पड़ता है। इसके साथ ही उन्होंने इस संबंध में भी आँकड़े इकट्ठे किए कि अंग्रेज सेना के युद्ध अभियानों में व्यय होनेवाली राशि भी भारत से ही वसूली जाती है। उन्होंने इन बातों को लेकर तथ्य और साक्ष्य एकत्र करने आरंभ कर दिए थे। इस विषय में वे पहले से ही तैयारी कर रहे थे, अतः शीघ्र ही उन्होंने आवश्यक तथ्य, आँकड़े और साक्ष्य जुटा लिए।

दादाभाई नौरोजी ने इस विषय का प्रस्ताव अपने अंग्रेज मित्र श्री सैमुअल स्मिथ के माध्यम से जनवरी 1884 में तब सदन में रखवाया, जब वहाँ भारत सरकार के बजट पर बहस हो रही थी। मिस्टर स्मिथ ने बड़ी मजबूती से प्रस्ताव रखा और इंगित किया कि भारत के शासन में होनेवाले खर्चों की जाँच की जाए, क्योंकि वहाँ का सारा धन सेना और अधिकारियों पर हुए खर्चों में व्यय किए जाने की संभावना है। इस जाँच के लिए एक कमीशन की नियुक्ति की जाए।

दादाभाई ने इस प्रस्ताव का समर्थन ही नहीं किया, बल्कि तथ्यों, आँकड़ों और विभिन्न साक्ष्यों से यह सिद्ध भी कर दिया कि वहाँ अपव्यय हो रहा था। इसके साथ ही उन्होंने ब्रिटेन के युद्ध अभियानों के लिए व्यय-भार भी भारत से वसूलने पर चिंता प्रकट की और इसकी जाँच एवं रोकथाम की माँग रखी।

सदन में आँकड़े और साक्ष्य प्रचुरता से उपलब्ध थे तो सरकार को यह प्रस्ताव स्वीकार करना पड़ा। इसी प्रक्रम में मई 1895 में एक कमीशन का गठन किया गया। इस कमीशन में दादाभाई नौरोजी को भी सम्मिलित किया गया, जो सोने पे सुहागा था।

इस कमीशन को धन-अपव्यय संबंधी दोनों मामलों की जाँच करनी थी। भारत के हित में यह एक बड़ा प्रश्न था, जिसे दादाभाई ने ब्रिटिश पार्लियामेंट के सामने रखा था और उस पर काररवाई करने के लिए सरकार को विवश किया था। दादाभाई ने इस संबंध में अपने उन सभी अंग्रेज मित्रों को धन्यवाद दिया, जिन्होंने इस अवसर पर उनका भरपूर साथ दिया था। यह दादाभाई की एक और बड़ी जीत थी। यहाँ दादाभाई नौरोजी ने सिद्ध कर दिया था कि बुद्धि का प्रयोग करके अवसर पैदा करना उनके लिए कोई कठिन कार्य न था।

जुलाई 1895 में एक अप्रत्याशित घटना घटी। ब्रिटेन की लोकसभा (हाउस ऑफ कॉमंस) को भंग कर दिया गया। केवल तीन साल चली इस लोकसभा के भंग करने के कारण सन् 1896 में चुनाव हुए। दादाभाई ने इस बार भी चुनाव लड़ा, किंतु इंग्लैंड की जनता ने उदार दल (लिबरल पार्टी) को लगभग नकार ही दिया। उसे अधिकतर क्षेत्रों में पराजय मिली। लिबरल

पार्टी से उम्मीदवार बने दादाभाई इस चुनाव में पराजित होने के कारण अब लोकसभा के पूर्व सदस्य हो गए थे। इस पराजय में भी उन्हें कुछ सकारात्मक भाव दिखाई दिए। अब वे कमीशन सदस्य के रूप में अधिक सजगता और तेजी से कार्य कर सकते थे तथा भारत के हितों की पैरवी भी बेहतर ढंग से कर सकते थे।

इस समय भारत में भी बहुत कुछ अप्रत्याशित ही घट रहा था, जिसने एक बार फिर पूरे देश को झकझोर कर रख दिया था। अंग्रेज सरकार के शोषण और आर्थिक मंदी से त्रस्त भारत में प्राकृतिक आपदा ने एकाएक मानो कहर ही ढा दिया था। सन् 1895 से ही मध्य उत्तर प्रदेश, बिहार, पंजाब और मध्यप्रदेश में भयंकर अकाल ने जन-जीवन को तहस-नहस कर दिया था। इस पर भी ब्रिटिश सरकार ने केवल औपचारिकता ही निभाई। सौभाग्य से उस समय भारत में ऐसी समाजसेवी संस्थाओं की भरमार थी, जो ऐसे कठिन समय में अपने देशवासियों की हरसंभव सहायता करने हेतु तत्पर रहती थीं। इन संस्थाओं में रामकृष्ण मिशन, आर्यसमाज और परमहंस मंडली आदि प्रमुख थीं। भारतवासी इस प्राकृतिक आपदा से बुरी तरह दुखी थे और ईश्वर से अपनी रक्षा हेतु प्रार्थना कर रहे थे।

ब्रिटिश सरकार के वाइसराय लॉर्ड एल्गिन द्वितीय, जो भारत की सहायता और रक्षा हेतु उत्तरदायी थे, उन्होंने इस आपदाकाल में एक ऐसा संवेदनहीन और क्रूर वक्तव्य दिया, ज़ो ब्रिटिश सरकार की साम्राज्यवादी मानसिकता का द्योतक था। लॉर्ड एल्गिन द्वितीय का कथन था—'भारत को तलवार के बल पर विजित किया गया है और तलवार के बल पर ही इसकी रक्षा भी की जाएगी।'

दादाभाई नौरोजी का देश भयानक आपदा के दौर से गुजर रहा था और अंग्रेज सरकार स्वार्थ में आकंठ डूबी हुई थी। दादाभाई ने आरंभ में अंग्रेजों की न्यायप्रियता और सुशासन पर पूरा विश्वास किया था। यह उनके अध्ययन का परिणाम था, जो उन्होंने शिक्षार्थी के रूप में अंग्रेजी साहित्य में पढ़ा था, किंतु जब वे अंग्रेजी सरकार के संपर्क में आए तो धीरे-धीरे उनका विश्वास कम होता गया और एक समय ऐसा आया कि वे बिलकुल ही क्रांतिकारी

भाषा बोलने लगे। संभवतः अध्ययन और अनुभव में यही अंतर होता है।

दादाभाई ने आपदा के इस भीषण दौर में अपने ईश्वर 'अहुर' से भारतवासियों को धैर्य और साहस प्रदान करने की प्रार्थना की और दिन-रात इसी प्रार्थना में लगे रहे कि भारतीय इस मुश्किल दौर में एक-दूसरे की मदद से फिर उठ खड़े हों।

कमीशन का सदस्य होने के कारण अब उन्हें कमीशन के साथ कार्य करना था। उन्हें पूरी आशा थी कि वे अपनी बात कमीशन के सामने ठीक ढंग से रखकर उसे आगे बढ़ाएँगे। उन्होंने इस संबंध में अलग से भी तैयारी की और कमीशन को गंभीर चिंतन कराने के लिए भारत में कांग्रेस और अन्य राष्ट्रीय संस्थाओं को पत्र लिखे। इन पत्रों में उन्होंने आग्रह किया कि वे अधिक-से-अधिक संख्या में ब्रिटिश सरकार और कमीशन को पत्र लिखकर इस विषय को प्रखरता से उठाएँ। दादाभाई का यह प्रयास एक प्रकार से इस सामान्य विषय को विशिष्ट रूप देने का था।

दादाभाई स्वयं कमीशन के सदस्य थे और इस विषय को उन्होंने ही ब्रिटिश सरकार के सामने उठाया था और साथ ही वे अपनी ओर से कमीशन को तथ्यपरक आँकड़े भी उपलब्ध करा रहे थे। इसके अलावा एक गवाह की हैसियत से भी उन्होंने कमीशन के सामने अपना बयान दर्ज कराया था और सिद्ध करके दिखाया था कि ब्रिटिश सरकार ने अपने शासन को भारत में चलाने और स्थापित करने पर हुए सभी खर्च भारतीय जनता से ही वसूल किए हैं। उन्होंने यह सिद्ध करने में भी कोई कसर न छोड़ी कि ब्रिटिश सरकार ने भारत से होनेवाली आय का थोड़ा सा हिस्सा भी भारत के हितों के लिए इस्तेमाल में नहीं लाया था। इस प्रकार के शासन से भारत गरीबी की दलदल में धँसता चला गया।

दादाभाई ने कमीशन को संतुष्ट करने का पूर्ण प्रयास किया। कई बार वे ऐसी बातें भी कह गए, जो कमीशन का सदस्य होने के कारण वे कहने का अधिकार नहीं रखते थे। कमीशन उनसे प्रभावित हुए बिना न रह सका, लेकिन जब कमीशन ने अपनी रिपोर्ट सरकार को सौंपी तो उसकी अंग्रेजी

मानसिकता की पोल एक बार फिर खुल गई। कमीशन ने सरकार को दो रिपोर्ट सौंपी थीं। इनमें से उस रिपोर्ट पर कमीशन के अधिक सदस्यों का समर्थन था, जिसमें जाँच के विषय में भारत सरकार को आंशिक रूप से ही दोषी माना गया था। ब्रिटिश सरकार ने इसी रिपोर्ट को मान्य करते हुए केवल यही आश्वासन दिया कि भारत की शिकायतों को शीघ्र ही दूर किया जाएगा।

इस घटना से आभासित हो सकता था कि दादाभाई अपने प्रयास में असफल हो गए थे, किंतु वास्तव में ऐसा नहीं था। वे एक ऐसे शासन से सैद्धांतिक लड़ाई लड़ रहे थे, जो लोभ और स्वार्थ में सिद्धांतहीन होता जा रहा था, किंतु दादाभाई फिर भी प्रयासरत थे।

□

कांग्रेस में महत्त्वपूर्ण भूमिका

भारत की आजादी में कांग्रेस की भूमिका बहुत महत्त्वपूर्ण रही और यह वह राजनीतिक दल रहा, जिसने ब्रिटिश शासन को राजनीतिक आंदोलन के माध्यम से सदैव ही भयभीत रखा। इस राजनीतिक संस्था की स्थापना 1885 में हुई। उस समय भारत का वाइसराय लॉर्ड डफरिन था। कांग्रेस को लोकप्रिय बनाने में दादाभाई की भूमिका अत्यंत महत्त्वपूर्ण रही।

कांग्रेस के जनक ए.ओ. ह्यूम थे, जो कभी ब्रिटिश सरकार की ओर से भारतीय सेवा में उच्च पद पर आसीन थे। ह्यूम भारत में रह रहे उन गिने-चुने अंग्रेजों में से थे, जो भारत के प्रति सहानुभूति रखते थे। वे बहुत समय तक भारतीयों के साथ रहे थे और बहुत करीब से भारतीयों की पीड़ा को समझते थे। वे मंत्री पद पर रहकर सदैव यही प्रयास करते रहे कि भारतीयों का जीवन-स्तर ऊँचा उठे और चारों ओर खुशहाली का वातावरण व्याप्त हो। उन्होंने अपने कार्यकाल में इस तरह के अनेक प्रयास किए, यद्यपि वे अपने पद के प्रति भी समर्पित थे और पूरी ईमानदारी से अपना दायित्व सँभालते थे। उन्होंने 1857 के विद्रोह में ब्रिटिश सरकार की ओर से शांति स्थापित करने में भी अपनी महत्त्वपूर्ण भूमिका निभाई थी। उन्होंने अपनी ईमानदारी के चलते सरकार से भारत के हितों को लेकर भी प्रश्नोत्तर किए और इसका परिणाम यह हुआ कि उन्हें सन् 1879 में अपने पद से त्यागपत्र देना पड़ा।

ह्यूम वास्तव में भारतीयों का भला चाहते थे और यह बात उनके दिल से पदच्युत होने के बाद भी नहीं निकली कि उन्हें मानवीय आधार पर भारतीयों

के हितों के लिए लड़ना चाहिए। वे ब्रिटिश सरकार की शक्ति और कमजोरी से भलीभाँति परिचित थे तो उन्होंने भारत में व्यापक स्तर पर राजनीतिक आवश्यकता को भी समझा। वे जानते थे कि ब्रिटिश सरकार इस मोरचे पर लगभग असहाय रहती है।

उन दिनों भारत में राजनीतिक गतिविधियाँ बहुत धीमी थीं। सन् 18 57 के विद्रोह के बाद देश में शांति स्थापित हो गई थी और इसके बाद कई सामाजिक व राजनीतिक संस्थाएँ स्थापित हो गई थीं। इनमें राजा राममोहन राय द्वारा स्थापित ब्रह्म समाज, आचार्य केशवचंद्र सेन की संस्था विवाह सुधार आंदोलन और स्वामी दयानंद सरस्वती के आर्यसमाज जैसी सामाजिक सुधारवाली संस्थाएँ थीं, तो कोलकाता में इंडियन एसोसिएशन, बंबई की प्रेसीडेंसी एसोसिएशन और मद्रास की महाजन सभा जैसी राजनीतिक संस्थाएँ भी थीं। ये सभी संस्थाएँ क्षेत्रीय थीं। ह्यूम चाहते थे कि ब्रिटिश सरकार से टक्कर लेने के लिए देशव्यापी राजनीतिक दल की स्थापना हो। इसी विचार ने उन्हें 'इंडियन नेशनल कांग्रेस' की स्थापना के लिए प्रेरित किया।

अपने इसी विचार को मूर्तरूप देने का लक्ष्य मन में ठानकर ह्यूम ने देश भर में राजनैतिक चेतना के उद्देश्य से भ्रमण किया और उन सभी सामाजिक व सार्वजनिक संस्थाओं से मिले, जो देश में कार्यरत थीं। उन्होंने अपने विचार से सबको अवगत कराया, जिसका सबने समर्थन किया। वैसे भी ह्यूम देश भर में लोकप्रिय थे। अपनी सरकारी नौकरी के कार्यकाल में उन्होंने भारतीय हितों को लेकर बहुत से कार्य किए थे। उन्होंने पुलिस विभाग, शिक्षा, ग्रामीण विकास और कृषि के क्षेत्र में काफी सुधार-कार्य किए थे और उनकी यही भारतीयों के प्रति सहानुभूति उनके पद से हटने का कारण बनी थी।

ह्यूम ने अपने प्रयासों में सभी वरिष्ठ नेताओं को सम्मिलित किया। वे दादाभाई नौरोजी से मिले, जो उन दिनों नगरपालिका सुधार और बड़ौदा की दीवानी के परिप्रेक्ष्य में देश भर में लोकप्रिय हो गए थे। ह्यूम जानते थे कि कांग्रेस की स्थापना में दादाभाई का सहयोग मिलने से बहुत अधिक जनसमर्थन मिल सकता था। दादाभाई भी समझ रहे थे कि देश में एक व्यापक राजनीतिक

दल की आवश्यकता थी। ह्यूम के इस विचार की दादाभाई ने भूरि-भूरि प्रशंसा की और ह्यूम को उन्होंने अपनी ओर से पूरी सहायता देने का वादा किया।

अंततः प्रयास फलीभूत हुए और 27 दिसंबर, 1885 को कांग्रेस का प्रथम अधिवेशन बंबई में हुआ और 28 दिसंबर, 1885 को कांग्रेस की विधिवत् स्थापना हो गई। इस प्रथम अधिवेशन की अध्यक्षता बंगाल के प्रसिद्ध राजनीतिक आंदोलनकारी व्योमेशचंद्र बनर्जी ने की और इसमें देश भर के 72 राजनीतिक और सामाजिक कार्यकर्ताओं ने भाग लिया। दादाभाई ने इस अधिवेशन में देश की वर्तमान स्थिति, सरकार की उदासीनता और नवनिर्मित कांग्रेस की नियमावली के संबंध में भाषण दिया। उन्होंने इस अधिवेशन में रखे गए सभी प्रस्तावों का मसौदा तैयार किया। उन्होंने अपने वक्तव्य में भारत की दशा और सरकार की उदासीनता के संबंध में जो कहा, वह उनके अनुभवों का प्रमाण था।

"आज हमारा भारत, जो क्षेत्रफल की दृष्टि से विश्व के किसी भी देश से अधिक बड़ा है और इसके आधार पर प्रकृति-प्रदत्त संसाधनों में भी इस देश का कोई मुकाबला नहीं है। हमारी प्राचीन परंपरा और संस्कृति विश्व में सर्वश्रेष्ठ है। यह वह भारत है, जिसने सबको अपनाया और सबको संरक्षण दिया। अपनी विविधता से विश्व भर में धर्मों के समन्वय का केंद्र रहा, भारत किसी भी देश का आदर्श होने योग्य है, लेकिन कुछ ऐसी भूलें हुई हैं, जिनसे यह अखंड भारत दयनीय स्थिति में पहुँच गया है।

इस स्थिति के लिए भारत में शताब्दियों से चले आ रहे विदेशी शासन जिम्मेदार हैं। जाने कितने ही आक्रांताओं ने इस देश को दंश मारा है। कभी यह तो कभी वह और विडंबना यह रही कि इस देश की प्राकृतिक संपदा पर तो सभी की दृष्टि रही, लेकिन किसी ने भी इसके लोगों के हित की बात नहीं सोची। विदेशी शासकों से तो आशा ही क्या की जा सकती थी, लेकिन देशी शासक भी निर्लिप्त रहकर सत्तासुख भोगते रहे।

कैसे आश्चर्य की बात है कि हमारे देश का नन्हा वीर बलकरन आततायी तैमूर से भय नहीं खाता और हम हैं कि भय के मारे अपने अधिकारों की माँग

भी नहीं कर रहे। आज ब्रिटिश सरकार का हमारे देश में शासन है। शासनों के इतिहास को देखने से तो यही लगता है कि विश्व में ब्रिटिश शासन सबसे न्यायप्रिय और सुशासनवाला है, लेकिन भारत में उसका प्रदर्शन देखकर तो शंका और निराशा ही होती है। ऐसा लगता है कि ब्रिटिश सरकार की साम्राज यवादी सोच में शोषण का मूल है। शक्तिमान देश साम्राज्यवाद के समर्थक होते ही हैं, लेकिन उनमें शोषण की भावना नहीं होनी चाहिए, जो कि मौजूदा सरकार में परिलक्षित होती है।''

दादाभाई नौरोजी ने देशवासियों का आह्वान करते हुए आगे कहा—

''हमारी इस दुर्दशा में कुछ ऐसे भी कारण हैं, जो हमने स्वयं पैदा किए हैं। हमारी रूढ़ियाँ, कुप्रथाएँ, अंधविश्वास और अशिक्षा ने हमें ज्ञानशून्य कर दिया है और हम अपने अधिकारों के लिए चैतन्य नहीं हैं। यदि ब्रिढ़िश सरकार इसका लाभ उठाती है तो यह हमारी अज्ञानता ही तो है।''

अब समय आ गया है कि हम स्वयं को इन सब ज्ञानशून्य स्थितियों से बाहर निकालें और अपने अधिकारों के लिए आवाज उठाएँ। आज देश को पृथक्-पृथक् अधिकार नहीं, बल्कि एकजुट अधिकारों की आवश्यकता है। कोई एक आवाज शायद ब्रिटिश सरकार को सुनाई न देती हो, लेकिन जब यही आवाज समवेत नाद बन जाएगी तो सरकार अनदेखी और अनसुनी न कर सकेगी।

हमें ब्रिटिश शासन से नहीं, बल्कि कुशासन से तकलीफ है। सरकार हमारे अधिकारों पर कुंडली मारकर न बैठे, यही हमारा ध्येय है। यदि सरकार को इस स्थिति में परिवर्तन की आवश्यकता महसूस नहीं हो रही तो यह उसका दुर्भाग्य होगा, क्योंकि समय परिवर्तन चाहता है और न होने पर स्वयं परिवर्तन कर देता है। समय के द्वारा किए गए परिवर्तन महापरिवर्तन की श्रेणी में आते हैं और ब्रिटिश सरकार इस भारतीय परिवर्तन से अनभिज्ञ है।

दादाभाई ने इसी अधिवेशन में यह प्रस्ताव भी रखा कि भारत की सिविल सर्विस की परीक्षा के संबंध में ब्रिटिश सरकार को पारदर्शिता दिखानी चाहिए। दादाभाई ने कांग्रेस प्रतिनिधियों से अपील की कि इस मंच पर एकजुट होने

की प्रतिबद्धता से देश में आशा का माहौल बनना तय है, लेकिन हमें इस आशा को फलीभूत भी करना होगा। उनके लेख का सभी प्रतिनिधियों पर अच्छा प्रभाव पड़ा और कांग्रेस कमर कसकर उस राजनैतिक आंदोलन की अगुआ बन गई, जो अभी तक क्षेत्रीय था।

इसके बाद दादाभाई इंग्लैंड चले आए। वहाँ पहुँचकर उन्होंने कई महत्त्वपूर्ण कार्यों को अंजाम दिया। सन् 1886 में कांग्रेस ने उन्हें दूसरे अधिवेशन में अध्यक्ष बनाने का निर्णय लिया और वे 25 दिसंबर, 1886 को कोलकाता आ गए। उन्होंने महसूस किया था कि कांग्रेस अपने लक्ष्य से भटक रही है और यह सत्य भी था। कांग्रेस ने राजनीतिक विषयों के साथ धार्मिक और समाज-सुधार के कार्यों में भी रुचि ली। दादाभाई को कांग्रेस की शक्ति का प्रयोग केवल राजनीतिक आंदोलन में करना था। उन्होंने इस अधिवेशन की अध्यक्षता में कहा—

"कांग्रेस को देशव्यापी राजनीतिक दल की भूमिका में रहकर केवल राजनीतिक लक्ष्यों पर ध्यान केंद्रित करना चाहिए। समाज-सुधार के मामलों में कांग्रेस की रुचि समय के प्रतिकूल है। हमारा देश विभिन्न धर्मों और संप्रदायों का देश है और कांग्रेस की ऊर्जा इनके सुधारों में खर्च करना उचित नहीं है। इस कार्य के लिए देश में संस्थाओं की कोई कमी नहीं है। यदि इस विविधता में कांग्रेस जाती है तो लक्ष्य से दूर हो जाएगी।

इस महासभा में ऐसे कितने लोग हैं, जो सभी धर्मों-संप्रदायों की संपूर्ण जानकारी रखते हैं। जाहिर है कि उनकी संख्या न्यून ही होगी, क्योंकि हम सब अपने-अपने धर्मों और संप्रदायों से जुड़े हैं। ऐसे में किस तरह कांग्रेस समाज-सुधार के लिए लक्ष्य को प्राप्त कर सकेगी और उसका मूल उद्देश्य प्रभावित होगा, वह अलग। देश में धर्मों और संप्रदायों की चिंता करनेवाले बहुत हैं। कम-से-कम प्रत्येक धर्म अथवा संप्रदायों में तो हैं ही। हमें तो राजनीतिक आंदोलन से उनके मूल अधिकारों को प्राप्त करना है और यही हमारी उनके प्रति सेवा और संकल्प होने चाहिए। इससे इतर अभी उन्हें कुछ अन्य आवश्यकता नहीं है। वे अधिकारों से वंचित हैं और उनकी दयनीयता

का कारण राजनीतिक अधिकारों का अभाव है।

इस अधिवेशन के बाद दादाभाई कांग्रेस के नौवें अधिवेशन में लाहौर आए, जो 1893 में हुआ। तब तक कांग्रेस के आठ अधिवेशन हो चुके थे। अब कांग्रेस पूरी तरह राजनीतिक लक्ष्य को लेकर चल रही थी। यह स्पष्ट होता है कि इसके तीसरे अधिवेशन की अध्यक्षता बदरुद्दीन तैयबजी ने की थी, जिससे राष्ट्रीय एकता का संदेश मिला। फिर पाँचवें अधिवेशन की अध्यक्षता जॉर्ज यूल ने की, जो प्रथम अंग्रेज अध्यक्ष थे। इन बातों ने यह स्पष्ट किया कि कांग्रेस की राजनीतिक पकड़ मजबूत होती जा रही है।

दादाभाई ने कांग्रेस अधिवेशन की अध्यक्षता 1906 में कोलकाता में की और तब उन्हें लगा कि कांग्रेस में अंतर्कलह का वातावरण बन गया है। हालात इतने जटिल थे कि लग रहा था कि कांग्रेस उसी वर्ष दो भागों में विभाजित हो जाएगी, जिसके परिणाम अत्यंत भयानक हो सकते थे। इससे कांग्रेस का समापन हो सकता था। दादाभाई ने इस स्थिति को सँभाला और इस अधिवेशन की अध्यक्षता करके उन गरम दलीय नेताओं को समझाया, जो कांग्रेस की नरम नीति को समय के अनुकूल नहीं समझ रहे थे। इसके कारण क्या थे, उनकी चर्चा अभी की जाएगी, लेकिन दादाभाई ने इस अधिवेशन में पहली बार 'स्वराज्य' शब्द का प्रयोग कर सभी राजनीतिक आंदोलनकारियों को चौंका दिया।

दादाभाई को सदैव से ही शांत और गंभीर समझा जाता था और उनका विश्वास लंबे समय तक इंग्लैंड सरकार की न्यायप्रियता पर रहा था। कोई कह नहीं सकता कि उनके मुख से ब्रिटिश सरकार के पूर्ण बहिष्कार की बात भी निकल सकती है, लेकिन नौवें अधिवेशन में उन्होंने 'स्वराज्य' का नारा देकर गरम दल के नेताओं को संकेत दे दिया था कि वे भी अब नरम-नीति का एक हद तक ही प्रयोग करने के पक्ष में हैं।

कांग्रेस में नरम दल और गरम दल बनने के कुछ कारण थे। ये कारण बंगाल के गवर्नर लॉर्ड कर्जन ने पैदा किए थे। वह भारत की राष्ट्रीयता को नष्ट करने की नीति पर काम कर रहा था। पूर्व में ब्रिटिश सरकार ने बंगाल

में विभाजन की स्थिति 1874 में पैदा की थी और 1903 में लॉर्ड कर्जन ने बंगाल को और भी कमजोर करने की चाल चली। इस कार्य में उसे सफलता भी मिली।

बंगाल बहुत समय से ब्रिटिश सरकार के विरुद्ध सशक्त विद्रोह का केंद्र रहा था और लॉर्ड कर्जन इसे कमजोर करना चाहता था। उसने चटगाँव, ढाका और मैमन सिंह जिलों को असम प्रांत में मिलाने का कुचक्र रचा। असम प्रांत सन् 1874 में ग्वालपाड़ा, सिलहट और कछार को मिलाकर बना था। इसे बंगाल में से ही काटकर बनाया गया था। लॉर्ड कर्जन की यह योजना जैसे ही भारतीयों को पता चली तो उसके विरुद्ध भयंकर आंदोलन छिड़ गया, जिससे लॉर्ड कर्जन घबरा उठा। उसे लगा कि भारत में राष्ट्रीयता का यह जज्बा ब्रिटिश सरकार के लिए एक दिन घातक सिद्ध हो सकता है।

लॉर्ड कर्जन ने जब विद्रोह को बढ़ते देखा तो उसने यह आदेश वापस ले लिया। उसने एक नई योजना बनाई। वह समझ रहा था कि बंगाल में विद्रोह का नेतृत्व बंगाली हिंदू कर रहे थे और उनका भरपूर समर्थन बिहार व उड़ीसा के लोग कर रहे थे। उसने इसी एकजुटता को तोड़ने के लिए अपनी नई रणनीति तैयार की। उसकी योजना में पूर्वी और उत्तरीं बंगाल को असम में मिलाकर पश्चिमी बंगाल, बिहार व उड़ीसा को मिलाकर एक नया प्रांत बनाया जाना था। इसके पीछे उसकी यह सोच थी कि बंगाली-बिहारी-उड़िया की एकजुटता टूट जाएगी और होनेवाले विद्रोह इतने प्रबल नहीं होंगे। वैसे भी बंगाली हिंदू ही अधिकतर आंदोलनों के प्रणेता रहे थे। लॉर्ड कर्जन का विचार था कि इससे वे बँट जाएँगे।

लॉर्ड कर्जन की इस कुटिल योजना की भनक भारतीय जनमानस को मिल गई, जिससे सारे देश में इसका विरोध किया गया। कांग्रेस भी इस विरोध में उतर आई और उसने सन् 1903 के अधिवेशन में इसके विरोध में प्रस्ताव भी रखा। यह अधिवेशन मद्रास में हुआ था, जिसकी अध्यक्षता दिग्गज आंदोलनकारी बंगाली बाबू लालमोहन घोष ने की थी। अधिवेशन में स्पष्ट कहा गया कि ब्रिटिश सरकार ने यदि ऐसा कदम उठाया तो भारतीय

जनमानस का प्रबल विरोध घातक सिद्ध होगा। सरकार ने इस चेतावनी पर कोई विशेष ध्यान नहीं दिया। लॉर्ड कर्जन ने कुछेक नरम मिजाज के कांग्रेसी नेताओं को शांति और सुरक्षा के नाम पर संतुष्ट कर लिया।

कांग्रेस का अगला अधिवेशन वर्ष 1904 में बंबई में हुआ और इसकी अध्यक्षता सर हेनरी काटन ने की। इस अधिवेशन में लॉर्ड कर्जन की योजना का विरोध हुआ, लेकिन इस बार इसमें आंशिक अंग्रेजी ध्येय की पूर्ति भी थी। इस बार प्रस्ताव में कहा गया कि यदि बिहार और उड़ीसा के लोग चाहें तो उनका अलग प्रांत बना दिया जाए, लेकिन बंगाल का विभाजन न किया जाए।

राजनीतिक परिप्रेक्ष्य में देखा जाए तो यह प्रस्ताव लॉर्ड कर्जन के लक्ष्य को समर्थन देता था और इसने ही कांग्रेस में अंदरूनी मतभेद पैदा किए। 1905 में सरकार ने विधिवत् बंगाल के विभाजन की घोषणा कर ही दी। इससे कांग्रेसी सकते में आ गए और लॉर्ड कर्जन ने किसी की परवाह नहीं की। देश भर में उग्र आंदोलन होने लगे और नेतृत्वकर्ता थे—सुरेंद्रनाथ बनर्जी। उनके आह्वान पर देश भर में बंग-भंग के विरोध में प्रदर्शन होने लगे। अंग्रेजी वस्तुओं का बहिष्कार किया जाने लगा और सरकार-विरोधी नारे लगाए जाने लगे।

बंग-भंग आंदोलन में लगभग सभी देशवासियों ने भाग लिया। विद्यार्थियों ने कॉलेज और स्कूलों का बहिष्कार किया। जिला परिषदों, नगरपालिकाओं और पंचायतों में अनिश्चितकालीन हड़ताल की घोषणा कर दी गई। फिर भी कुछ ऐसे अंग्रेजभक्त स्वार्थी व्यक्ति थे, जो इस आंदोलन को कह रहे थे। इसी कारण उनका सामाजिक बहिष्कार किया जाने लगा। इस आंदोलन में कविगुरु रवींद्रनाथ टैगोर ने भी भाग लिया और उन्होंने जुलूसों-प्रदर्शनों में ब्रिटिश सरकार की इस अनीति के खिलाफ कविताएँ पढ़ीं और गीत गाए। देश भर में बंकिमचंद्र चटर्जी के 'वंदेमातरम्' गीत का गान किया जाने लगा।

भारतीय युवा वर्ग सशस्त्र क्रांति की ओर अग्रसर हो उठा। देश भर में क्रांतिकारी संस्थाएँ पनपने लगीं। 'अनुशीलन' और 'युगांतर' नाम की गुप्त संस्थाएँ तो ब्रिटिश साम्राज्य को जड़ से खत्म करने का प्रण करके मरने-मारने पर उतारू हो गई थीं। इन दलों ने सरकार की नाक में दम कर दिया। सरकारी

खजानों की लूट की जाने लगी। हथियारों को एकत्र किया जाने लगा, जिससे अंग्रेज अधिकारियों की जान पर बन आई। सरकार इस सशस्त्र क्रांति से घबरा उठी और वह इस गुप्त विद्रोह के दमन के सभी प्रयास करने लगी। पुलिस के अत्याचार चरम पर पहुँच गए। क्रांतिकारियों की जानकारी प्राप्त करने के लिए निर्दोषों पर अत्याचार किए जाने लगे। अंग्रेजों की नीतियाँ पैशाचिक हो उठीं।

सशस्त्र आंदोलन को समर्थन भी मिल रहा था। अरविंद घोष यही कहते थे कि अब भारत की आजादी के लिए प्राण देने और लेने का विकल्प ही श्रेष्ठ है। उनके नाम से अंग्रेजों की नींद उड़ गई थी। देशबंधु चितरंजन दास और विपिनचंद्र पाल जैसे उग्र स्वभाव के नेता भी इस क्रांतिकारी आंदोलन के समर्थक व अगुवा थे। कितने ही क्रांतिकारी आंदोलन के इस यज्ञ में प्राणों की आहुति दे चुके थे और कितनों ने ब्रिटिश सरकार के छक्के छुड़ा रखे थे। बंग-भंग आंदोलन भारत के स्वतंत्रता संग्राम का एक और बड़ा विद्रोह रहा, जिसने ब्रिटिश सरकार के पाँव उखाड़ दिए थे। बंगाल के युवाओं और उड़िया-बिहारियों की एकजुटता नहीं टूटी थी। लॉर्ड कर्जन को अपने उद्देश्य में केवल इतनी सफलता मिली कि देश को प्रांतों में बाँट दिया गया।

कांग्रेस में इस आंदोलन का प्रतिकूल प्रभाव पड़ा। जहाँ कांग्रेस के नरमपंथी नेता इस सशस्त्र आंदोलन को अनुचित मान रहे थे, वहीं गरमपंथी नेता इसे बिलकुल सही ठहरा रहे थे। इसका कारण यह था कि नरमपंथी नेताओं में बुजुर्ग अधिक थे। गोपालकृष्ण गोखले के नेतृत्व में नरमपंथी नेता युवाओं को समझाते और कई बार उनकी हिंसक गतिविधियों की निंदा भी करते। इससे कांग्रेस में दरार पैदा हो गई।

सन् 1905 के बनारस अधिवेशन में तो ऐसा लगा कि कांग्रेस अभी ही दो खेमों में बँट जाएगी। दोनों दलों में मुख्य मतभेद इस बात को लेकर था कि आजादी का स्वरूप कैसा हो। इसके अलावा सरकार की मनमानी भी इस मतभेद का कारण थी।

''भारतीयों को निश्चित रूप से स्वतंत्रता चाहिए।'' नरम दल का कहना था, ''लेकिन इसमें हिंसक गतिविधियों को स्थान नहीं देना चाहिए। हिंसा

से केवल रक्तपात ही होता है, जो शासन और प्रजा के बीच अविश्वास को बढ़ाता है। इस स्थिति में शासन अपनी शक्ति पर विश्वास करने लगता है और प्रजा की शिकायत को मात्र उनका प्रलाप ही समझता है। हमें चाहिए कि हम अपने युवा रक्त को उबलने से रोकें और अकारण इस विश्वास को और न बढ़ाएँ। जब भी ऐसा हुआ है, तभी हालात अधिक चिंताजनक हुए हैं।''

''श्रीमान्!'' अरविंद घोष ने प्रश्न किया, ''आपका तात्पर्य यह है कि हमें शासन की हर मनमानी बिना किसी विरोध के मान लेनी चाहिए। क्या इसके परिणाम और भी भयानक न होंगे। आपके और हमारे लाख विरोध के बाद भी लॉर्ड कर्जन ने बंगाल को विभाजन की आग में झोंक दिया और आप कहते हैं कि हम शांत रहें। क्या युवा रक्त की यही नियति है ? विश्व-क्रांति का इतिहास देखिए तो पता चलता है कि इनमें युवा रक्त ने उबलकर, सड़कों पर बहकर स्वतंत्रता का मार्ग प्रशस्त किया है।''

''हमें विश्व-क्रांति के इस रूप का अनुसरण क्यों करना चाहिए ? हमारे देश में कभी हिंसा का इतिहास नहीं रहा। हमारी संस्कृति में अहिंसा, सत्य और धर्म का मूलमंत्र है। हमें अपनी सभ्यता और संस्कृति के अनुसार ही अपनी आवाज उठानी चाहिए। आजादी के नाम पर मानवीय हितों का दमन नहीं करना चाहिए। इन हिंसक गतिविधियों से शासन और प्रजा के बीच बढ़े अविश्वास से सबसे अधिक कष्ट और हानि आम जनता को होती है और हमारा लक्ष्य तो इस आम जनता की ही सुख-समृद्धि है। हमें चाहिए कि हम सरकार से बातें करके उसे सुख-समृद्धि के लिए सैद्धांतिक रूप से विवश करें और उसकी सोच में परिवर्तन लाएँ।''

''अब सुधारों का समय नहीं रह गया है और अंग्रेज कभी इस सुधारवादी स्वरूप को नहीं अपना सकते। हम भारतीयों ने आज से नहीं, बल्कि कई दशकों से सुधारों के लिए अपील की और परिणाम यह रहा कि कुछ भी सकारात्मक न हुआ। देश के टुकड़े करने पर उतारू यह ब्रिटिश सरकार केवल इंग्लैंड के हितों को ही ध्यान में रखकर शासन कर रही है। अतः अब आवश्यकता केवल भारत से इस अत्याचारी शासन को जड़ समेत उखाड़ फेंकने की है।''

"यह विद्रोह है और देश में अब से पहले भी विद्रोह हो चुके हैं। अभी हाल ही में बिरसा आंदोलन का बिहार में क्या हाल हुआ, वह तो देखा ही जा चुका है। हमें युवाओं की बलि नहीं देनी है, बल्कि इन युवाओं को विश्व भर में भारत की संस्कृति का वाहक बनाने के लिए सुरक्षित रखना है। शासन इस युवा-विद्रोह का बहाना लेता है कि वह (शासन) तो सुधारवादी है, लेकिन ये विद्रोह ही उसे सुधार नहीं करने देते।"

"श्रीमान्!" अरविंद घोष ने तमककर कहा, "जिस राष्ट्र का युवा रक्त अपने अधिकार के लिए बहने से हिचकता है, वहाँ आजादी दिवास्वप्न से अधिक कुछ नहीं है। ब्रिटिश सरकार से सविनय प्रार्थना करना और उसे सुधारों के लिए मार्मिक पत्र लिखना मूर्खता है। इससे कुछ भी हासिल नहीं होता और न ही भविष्य में कोई ऐसी आशा है। जब तक हम भारतीय एकजुट होकर इस कुशासन का बहिष्कार नहीं करेंगे, तब तक इस देश का कोई भला नहीं होनेवाला है।"

इस तरह यह स्पष्ट हो गया था कि कांग्रेस में दो दल बन गए थे। एक दल नरम विचारों के साथ शांतिवार्त्ता करके शासन से सुविधाओं और सुधारों की माँग कर रहा था, लेकिन गरम दल को अब सुविधा या सुधार नहीं, बल्कि स्वशासन चाहिए था।

जिस प्रकार किसी परिवार में सुधार और सुविधाओं का बेहतर क्रियान्वयन केवल उस परिवार का सदस्य कर सकता है, उसी प्रकार भारत में सुविधा और सुधार भारतीय शासन ही दे सकता है, अंग्रेज नहीं—यह भारतीय युवाओं का मानना था।

कांग्रेस का बनारस अधिवेशन, जिसकी अध्यक्षता गोपालकृष्ण गोखले कर रहे थे, पूरी तरह से विभाजन की स्थिति में पहुँच गया था और लगभग स्पष्ट हो गया था कि अब यह संख्या दो विपरीत विचारों के साथ आगे नहीं बढ़ सकती तथा इसमें फूट पड़ने से कोई नहीं रोक सकता।

अंततः 1907 के सूरत अधिवेशन में क़ांग्रेस का विभाजन हो ही गया। इसके संकेत 1905 से ही मिल रहे थे और गोपालकृष्ण गोखले ने इसी

संभावना को देखते हुए 1905 में ही एक नई संस्था 'सर्वेंट्स ऑफ इंडिया सोसाइटी' की स्थापना कर दी थी। इसके बाद 1906 में आगा खाँ और सलीम उल्ला ने मुसलिम लीग का गठन कर दिया था। यह सब एक प्रकार से भरत के राजनीतिक आंदोलन का कमजोर पड़ जाना था। कांग्रेस के ऐसे हश्र की कल्पना किसी ने भी नहीं की थी, तभी तो लॉर्ड कर्जन का वक्तव्य आया था—

"कांग्रेस अपने पतन की ओर लड़खड़ाती हुई जा रही है।"

जबकि लॉर्ड डफरिन पूर्व में कह भी चुका था—

"कांग्रेस केवल सूक्ष्मदर्शी अल्पसंख्यक का प्रतिनिधित्व करती है।" इन सबसे अलग टिप्पणियाँ अरविंद घोष, बंकिमचंद्र चटर्जी ने की थीं—

"कांग्रेस क्षय रोग से मरने ही वाली है।"

—(अरविंदो घोष)

"कांग्रेस के लोग पदों के भूखे राजनीतिक हैं।"

—(बंकिमचंद्र चटर्जी)

इस परिप्रक्ष्य में देखा जाए तो कांग्रेस अपने मूल-लक्ष्य से भटक गई थी और राजनैतिक स्वतंत्रता के नाम पर वह ऐसे कई निर्णय कर चुकी थी, जिनका कोई औचित्य ही नहीं था। दादाभाई ने जब कांग्रेस विभाजन की बात सुनी तो उन्होंने बहुत दुखी होकर कहा था—

"भारत के आंदोलन की शक्ति का यह विभाजन ब्रिटिश सरकार को कुछ दशक और मनमानी करने का अवसर दे गया।"

दादाभाई एक प्रकार से कांग्रेस के जनक कहे जाते थे। जब ए.ओ. ह्यूम ने कांग्रेस की स्थापना की तो इसकी सफलता के लिए उन्होंने दादाभाई को ही चुना। दादाभाई ने जो भी कार्य अपने हाथ में लिया, उसे मंजिल के समीप पहुँचाकर ही साँस ली। कांग्रेस को स्थापित करने में उन्होंने बहुत मेहनत की। उन्होंने कांग्रेस को राष्ट्रीय स्तर पर पहचान दिलाने की भूमिका लिखी। हाँ, जब कांग्रेस का विभाजन हुआ तो उन्हें बहुत दुःख हुआ। उन्होंने सन् 1906 में उत्पन्न इस स्थिति को जैसे-तैसे टाला था। अंततः वही हुआ, जिसकी उन्हें आशंका थी।

दादाभाई अब 82 वर्ष की अवस्था में पहुँच चुके थे और इस आयु में अधिक दौड़-धूप की आशा करना उचित नहीं था। वे पहले ही भारत के भविष्य की भूमिका लिख चुके थे, और यहाँ तक कह चुके थे, पूर्ण स्वराज्य से कम पर कोई समझौता नहीं। कांग्रेस के उदारपंथियों सहित सभी ने उन्हें इस वक्तव्य के लिए बधाई दी।

दादाभाई ने देश में राजनीतिक सुधारों के लिए सबसे बड़ा काम यह किया कि कांग्रेस को उसकी वैधानिक जिम्मेदारी दी और उसे राष्ट्रीय स्तर पर मान्यता देने के लिए कठिन परिश्रम किया। कांग्रेस की स्थापना भले ही ए.ओ. ह्यूम ने की हो, लेकिन उन्होंने इसके उद्देश्य और नियमों के गठन की जिम्मेदारी दादाभाई को ही दी। दादाभाई ने वे सभी नियम बनाए, जो वैधानिक राजनीतिक दल के लिए उचित थे। कांग्रेस के पहले अधिवेशन में जो भी प्रस्ताव पास हुए, वे दादाभाई के कार्यों से ही प्रेरित थे। उन प्रस्तावों में कहा गया—

- भारत सचिव की इंडिया कौंसिल भंग की जाए।
- भारत के सैनिक व्यय में कटौती की जाए।
- केंद्र और प्रांतों में विधान परिषद् का विस्तार किया जाए।
- इंडियन सिविल सर्विसेज की प्रवेश परीक्षा इंग्लैंड के साथ-साथ भारत में भी हो।

ये सभी प्रस्ताव दादाभाई पूर्व में ही ब्रिटेन की संसद् में उठा चुके थे। अत: यह स्पष्ट हो जाता है कि कांग्रेस में उनकी क्या भूमिका थी। दादाभाई एक प्रकार से कांग्रेस के गठनकर्ता रहे और कांग्रेस उनके विचारों एवं लक्ष्यों का क्रियान्वित रूप था। अत: जब भी कांग्रेस के संबंध में ऐसा कुछ सुनते, जिससे उसकी एकता पर असर पड़ता था तो वे दुखी हो जाते थे। जब उन्होंने कांग्रेस में द्विदलीय प्रभाव को बढ़ते देखा तो वे और भी चिंतित हो उठे। यह स्थिति इस समय राजनीतिक आंदोलन के लिए घातक थी। ऐसे में वे फिर से भारत आए और 1906 में स्थिति सँभाली।

जब सन् 1907 में उन्होंने सुना कि कांग्रेस में विभाजन हो गया है तो

वे बहुत दुखी हो गए। वे विभाजन के कारणों से परिचित थे कि गरम दल के लोग नरम दल की उदारता को याचना समझते थे और यही दोनों के बीच तनाव की एक बड़ी वजह थी। वर्ष 1908 के मद्रास अधिवेशन में अधिकतर नेता नरम दल के ही थे। इसमें गरम दल के कुछेक लोग ही शामिल थे। इसी अधिवेशन में नरम दल के वरिष्ठ नेताओं ने नियमावली में परिवर्तन भी किए। नई नियमावली इस प्रकार बनाई गई कि अब किसी गरम दल के नेता का कांग्रेस में प्रवेश संभव ही नहीं था। परिणाम यह हुआ कि इस अधिवेशन में जो अनुदार दल के सदस्य थे, वे भी बाहर चले गए। दादाभाई ने जब यह समाचार सुना तो उन्होंने इस घटना पर दुःख प्रकट किया। केवल वे ही समझते थे कि इस विभाजन से राजनीतिक आंदोलन को कितनी बड़ी हानि होनेवाली थी।

कांग्रेस अब केवल एक दल की राजनीतिक संस्था बनकर रह गई थी, साथ ही इससे गरम दल वालों को भी हानि हुई थी, क्योंकि कांग्रेस से निकलते ही वे मुश्किलों से घिर गए थे। 1907 में ही लाला लाजपत राय पर गंभीर आरोप लगाकर उन्हें देश से बाहर भेज दिया गया। सरकार ने उनके देश लौटने पर कुछ वर्षों का प्रतिबंध लगा दिया था। अरविंद घोष को 1908 में एक डकैती के आरोप में जेल में बंद कर दिया गया था। इस प्रकार गरम दल बुरी तरह बिखर गया था और उसके शीर्ष नेता सरकार के दमनचक्र में फँसकर कैदी हो गए थे।

इस राजनीतिक उठापटक में लाभ ब्रिटिश सरकार को ही हुआ था, जो एक शक्तिशाली होते जा रहे राजनीतिक दल को कमजोर करने में सफल रही। यह सब दादाभाई के लिए बहुत कष्टकारी था। यह आपसी असहमति का परिणाम था कि कभी जिस कांग्रेस को कद्दावर प्रतिद्वंद्वी के रूप में देखकर सरकार चिंतित हो रही थी, आज उसका अस्तित्व ही खतरे में था। यह सब दादाभाई को पूर्व में ही आभास हो चुका था और उन्होंने इस स्थिति से कांग्रेस को बचाने के लिए बहुत प्रयास भी किए।

दादाभाई ने गरम दल के नेताओं से अपील की कि वे नियमानुसार अपने

विचारों में उग्रता रखें, लेकिन व्यवहार में नहीं। उन्होंने रक्तपात की विचारधारा को अनुचित करार दिया और क्रांतिकारियों से अपील की कि उनके ऐसे कार्यों से ब्रिटिश सरकार को सुधारकार्य न करने का बढ़िया बहाना मिल जाता है। अत: वे देशहित में ऐसी गतिविधियों से परहेज रखें।

यद्यपि क्रांतिकारी भी दादाभाई का बहुत सम्मान करते थे, लेकिन क्रांतिकारी आंदोलन ऐसे दौर में पहुँच चुका था, जहाँ युवा शक्ति अपने बुजुर्गों के आदेश से परहेज करने लगी थी। सरकार की दमनकारी नीति को अपने लिए चुनौती समझनेवाले युवा बुजुर्गों की सोच को पुरातनपंथी कहते थे। इसका परिणाम यह हुआ कि 19वीं शताब्दी के पहले दशक की समाप्ति तक क्रांतिकारी आंदोलन देशभर में फैल गया। उसी अनुपात में सरकार का दमनचक्र भी बढ़ता गया और स्थिति इतनी विकट हो गई कि उदार दल की बातें भी सुनना सरकार को स्वीकार नहीं था। यह बड़ा कठिन समय था। दादाभाई अस्वस्थता के कारण सक्रिय नहीं रह सकते थे और शीर्ष नेताओं को सरकार अपनी कैद में ले चुकी थी। कांग्रेस पर सबसे बड़ा वज्रपात तो 1915 में तब हुआ, जब उसके महान् नेता गोपालकृष्ण गोखले का निधन हो गया।

कांग्रेस, जो भारतीय राजनीति की धुरी बन गई थी और जिससे भारतीयों को बहुत आशा थी, आज जिस कगार पर खड़ी थी, वह चिंता का विषय था। एक ओर बालगंगाधर तिलक युवा क्रांति का समर्थन कर रहे थे तो दूसरी ओर गोपालकृष्ण गोखले को यह मार्ग उचित नहीं लगता था।

स्वतंत्रता के इतिहास में यह समय अत्यंत विचारणीय रहा था। वास्तव में इसमें जेनरेशन गैप की प्रमुख भूमिका रही थी। नरम दल के अधिकतर नेता उस समय के थे, जब लोग शासन के प्रति सम्मानजनक विचार रखते थे और देश अभी राजा व प्रजा के संबंधों की गरिमा को बनाए रखनेवाली सोच से ग्रसित था। राजशाही की इस सोच में राजकाज के प्रति विश्वास बनाए रखना, राजा से विद्रोह न करना और शासन का सम्मान करने जैसी भावनाएँ थीं।

भारतीय संस्कृति में ही यह मानसिकता बहुत गहरी पैठ बनाए हुए थी; लेकिन युवा वर्ग की सोच इससे इतर थी। वह विदेशी शासन को स्वीकार करने

की मानसिकता से कोसों दूर था और इसका कारण यही था कि राजशाही-पद्धति से उसका कोई वास्ता नहीं रह गया था। यह युवा वर्ग यह मानता था कि मानव-समाज व्यवस्था में शासकीय प्रणाली आवश्यक थी, लेकिन उसे यह स्वीकार नहीं था कि वह शासक विदेशी हो।

इस युवा वर्ग ने इतिहास से यह उग्रता धारण की थी। इतिहास बता रहा था कि पिछले लगभग 800 वर्षों से भारत पर विदेशी शासन रहा था और नरम दलीय नेता उसी मानसिकता का शिकार थे। युवा वर्ग ने इस इतिहास से प्रेरणा ली कि अब बहुत हो चुका। संभवतः यह भी एक बहुत बड़ा कारण रहा, जो कांग्रेस में मतभेद पैदा हुए। युवा वर्ग इतिहास बदलने को तत्पर था।

जब सन् 1906 में कोलकाता में कांग्रेस का अधिवेशन होना था तो उस समय इसकी तैयारियों से स्पष्ट होने लगा था कि नरम दल और गरम दल दोनों दलों के विचार कुछ विशेष परिणाम देनेवाले होंगे। नरम दल और गरम दल के बीच अधिवेशन के अध्यक्ष को लेकर भी बहस छिड़ी हुई थी। ऐसे विकट समय में वरिष्ठ नेताओं की चिंता यह थी कि कहीं कांग्रेस का मूलरूप ही न बिगड़ जाए, जिसकी संभावना दिखाई भी दे रही थी। अतः अब ऐसे अध्यक्ष की आवश्यकता थी, जो दोनों दलों को संतुष्ट रखने की क्षमता रखता हो, गहन मंथन के बाद दादाभाई के नाम पर निर्णय हुआ।

यह सत्य भी था कि दादाभाई ही एकमात्र ऐसे नेता थे, जो तिलक और गोखले दोनों को समान प्रिय थे। गोखले तो दादाभाई को अपना गुरु मानते थे और तिलक भी उनका वैसा ही सम्मान करते थे। वरिष्ठ नेताओं ने इसी बात को देखते हुए दादाभाई से आग्रह किया कि वे वर्तमान संकट में कांग्रेस की अध्यक्षता करें और सबका समुचित मार्गदर्शन करें।

उस समय दादाभाई इंग्लैंड में थे और सूचना पाकर भारत चले आए। उन्होंने अधिवेशन से पहले ही सारी जानकारी प्राप्त कर ली। वे इस निष्कर्ष पर पहुँचे कि भारतीय परिस्थितियों के अनुसार दोनों ही दल अपनी जगह सही थे। टकराव की स्थिति केवल जेनरेशन गैप का परिणाम थी। नरम दल स्वशासन के विरुद्ध नहीं था, लेकिन उसके दृष्टिकोण में अभी भारतीय इतने

समर्थ नहीं थे कि शासन चला पाते। अभी देश में भारतीय शासन के योग्य स्थिति नहीं थी, सामर्थ्य नहीं थी और न देश इतना जागरूक हुआ था कि एक साथ इतने बड़े परिवर्तन को स्वीकार कर सकता। अतः नरम दल का मानना था कि अभी ब्रिटिश शासन में साझेदारी करके ही शासन-प्रणाली का अनुभव कर लेना आवश्यक था और फिर धीरे-धीरे शासन की बागडोर अपने हाथ में ले लेनी थी। आवश्यकता थी कि शासन चलाने के लिए एक योग्य समाज की तैयारी की जाए और यह कार्य ब्रिटिश शासन के अधीन रहकर करने में ही उचित था। नरम दल का तर्क था कि किसी जंगल से एकाएक शेर को खदेड़ देना भेड़ियों और गीदड़ों को दाँत पैने करने देने जैसा ही था।

गरम दल की धारणा नरम दल की धारणा के बिलकुल उलट थी। गरम दल चाहता था कि अब ब्रिटिश शासन को जड़ से उखाड़ फेंकने के लिए क्रांति-संघर्ष आवश्यक है। जो सरकार सौ वर्षों से सुधारों के नाम पर असहिष्णु रही, वह कैसे इन प्रार्थनाओं और अर्जियों से भयभीत होगी। नरम दल के इस तर्क के संबंध में कि सरकार ने बहुत कुछ सुधार किया है, गरम दल की टिप्पणी थी कि इन सुधारों की बहुत बड़ी कीमत भारतीय जनमानस ने चुकाई थी। आज भारत की आर्थिक स्थिति इतनी दयनीय है तो यह इन सुधारों की आड़ में ही है, जिन पर सरकार व्यय कम करती है और आँकड़े अधिक दिखाती है। साथ ही गरम दल का स्पष्ट मानना था कि यदि अंग्रेजों को शीघ्र ही न रोका गया तो वे इस देश को ऐसे ही छोटे-छोटे टुकड़ों में बाँटकर राष्ट्रीय एकता की संभावना को शून्य कर देंगे।

दादाभाई ने सब परिस्थितियों पर विचार कर लिया था और उनका मानना था कि गरम दल भी अब इतिहास से सबक लेकर सही दिशा में सोच रहा है। यहाँ यह कहना भी अप्रासंगिक न होगा कि अब तक के अनुभव से दादाभाई का ब्रिटिश शासन से मोहभंग होता जा रहा था। यह सत्य था कि उन्होंने लगभग पचास वर्ष ब्रिटिश शासन के साथ ही बिताए थे और उपलब्धियों के नाम पर कुछ भी विशेष न प्राप्त कर सके थे। पचास वर्ष की अवधि कम नहीं होती और विशेषकर दादाभाई जैसे योग्य एवं चिंतनशील व्यक्ति के

लिए। उन्होंने ब्रिटिश सरकार की कथनी और करनी में अंतर भलीभाँति देख लिया था। वह अधिकार के लिए उठी आवाज को दबाने में विश्वास करती थी। लंदन में रहकर दादाभाई जान चुके थे कि उदार अंग्रेजों की उदारता से भारत का उतना हित नहीं हो पा रहा था, जितना अहित वहाँ के साम्राज्यवादी मानसिकतावाले लोग कर रहे थे।

दादाभाई ने लॉर्ड रिपन के सुधार-कार्यों के परिप्रेक्ष्य में और अन्य सभी गवर्नर या वाइसराय द्वारा किए गए सुधारों की तुलना में लॉर्ड कर्जन का बंगाल-विभाजन अधिक अहितकारी समझा। उन्होंने यह भी देखा था कि जब ब्रिटिश संसद् में भारतीय हितों से संबंधित प्रस्ताव रखा जाता था तो उसे औपचारिकता मात्र मानकर सुना तो अवश्य जाता था, लेकिन उस पर उचित काररवाई करना अपवाद ही था। जबकि इसकी तुलना में भारतीय स्तर पर एकजुटता से हुए प्रयास अधिक प्रभावी और कारगर सिद्ध हुए। धार्मिक सुधारों में ब्रिटिश सरकार की कोई भूमिका नहीं थी, फिर भी देश में विभिन्न धर्मों के होते हुए भी सर्वधर्म सद्भाव की भावना थी तो यह उन धार्मिक संस्थाओं के प्रयासों से ही थी, जो भारतीय थीं। सरकार तो भारतीय धर्मों में कभी सामंजस्य चाहती ही नहीं थी।

यह ऐसा समय था, जब भारतीय राजनीतिक आंदोलन निष्प्राण होता दिख रहा था और देश भर में क्रांतिकारी आंदोलन ने जोर पकड़ लिया था। सरकार की ओर से क्रांतिकारियों के दमन के प्रयास किए जा रहे थे। इस परिप्रेक्ष्य में भारत में सुधारकार्यों की पहले से ही धीमी गति और धीमी हो गई थी। इसी दौरान भारत में महात्मा गांधी का आगमन हुआ। दादाभाई ने उनके आगमन की बात सुनकर उन्हें वस्तुस्थिति से अवगत कराया और कुछ सुझावों के साथ तत्काल सक्रिय हो जाने का आदेश दिया। गांधीजी ने अपने पितातुल्य और गुरु दादाभाई के आदेश को स्वीकार किया और राजनैतिक आंदोलन की लगाम कसकर पकड़ ली और बड़ी कुशलता से उसे दिशा दी।

उसी दौरान प्रथम विश्वयुद्ध भी छिड़ गया था और ब्रिटेन भी मित्र राष्ट्रों के साथ इस युद्ध में भाग ले रहा था। गांधीजी ने देशवासियों से अपील

की कि वे संकट के समय सरकार की सहायता करें। उन्होंने सेना में भरती होने के लिए नौजवानों का आह्वान किया और उन्हें सफलता भी मिली। इस संबंध में उन्हें कुछ लोगों ने 'सेना में भरती करानेवाला सार्जेंट' भी कहा, लेकिन गांधीजी ने सरकार के प्रति देशवासियों के दायित्वों की पैरवी की। स्वयं दादाभाई भी इस पक्ष में थे और उन्होंने भी लोगों को सहायता करने की अपील की। सिद्धांतों के अनुसार यह उचित भी था।

सन् 1915 में ब्रिटिश सरकार ने विश्वयुद्ध में सहायता करने के लिए गांधीजी को 'कैसर-ए-हिंद' की उपाधि से भी नवाजा। यद्यपि यह सब क्रांतिकारियों को अच्छा नहीं लगा था और उन्होंने इसकी निंदा भी की थी। हालाँकि दादाभाई इसके बाद अधिक समय तक जीवित नहीं रह सके थे, लेकिन गांधीजी को राजनीतिक आंदोलन का अगुवा बनते देखकर उनके मन में परम संतोष था कि अब कांग्रेस और उसका आंदोलन सुरक्षित एवं सुयोग्य हाथों में पहुँच गया है। इस प्रकार हम देखते हैं कि दादाभाई ने कांग्रेस को लेकर जो स्वप्न देखे थे, वे कई उतार-चढ़ावों से भरे रहे। कांग्रेस में दादाभाई की भूमिका उस कुशल माली की भाँति रही, जिसने हर प्रकार से संरक्षण देते हुए अपनी मार्गदर्शक की भूमिका का निर्वाह किया।

□

नरम विचार के गरम नेता

भारत की सांस्कृतिक चेतना अंग्रेजी सरकार के सुधारों की मोहताज नहीं थी और अभी भी लगभग अपने मूल-स्वरूप में ही थी। यह भारतीयता की अटूट शक्ति का ही परिणाम था कि सदियों की दासता भी भारतीय संस्कृति पर कुप्रभाव डालने में सफल न हो सकी थी। संस्कृति में विविधता अवश्य थी, किंतु इस विविधता में भी एकता थी। यह भी लगभग स्पष्ट ही था कि देश में हुए सामाजिक सुधारों में सरकार से अधिक भारतीयों के प्रयास थे। ब्रह्म समाज, आर्यसमाज, वेदांत सभा आदि सामाजिक संस्थाओं ने नवजागरण अंकुरित कर दिया था। यदि ऐसा न हुआ होता तो युवा वर्ग इस आंदोलन का भाग नहीं बनता।

दादाभाई का लक्ष्य उपरोक्त सुधारों से पहले राजनीतिक साझेदारी हासिल करना था। वे चाहते थे कि शासन में भारतीयों की भी साझेदारी हो। इस संबंध में उनका कहना था—

"आज भारत पर ब्रिटिश साम्राज्य स्थापित है, अत: कहा जा सकता है कि प्रत्येक भारतीय ब्रिटेन का नागरिक है। दूध में पानी अथवा पानी में दूध मिल जाए तो उसकी अंतिम मात्रा में दोनों का योगदान रहता है, इससे कदापि इनकार नहीं किया जा सकता है। भारत दूध की भाँति है, जिसमें अंग्रेज पानी की तरह आ मिले हैं, फिर भी वे दूध के अस्तित्व को अपने अंदर छुपाने की हठधर्मिता कर रहे हैं। इसके विपरीत आवश्यकता इस बात की है कि वे इस दूध की अहमियत को समझें और इसके साथ मिलकर अपने सैद्धांतिक कार्य

करते रहें, किंतु उन्हें भय है कि जब शासन की कड़ाही में दूध और पानी को एक साथ चढ़ाया जाएगा तो पानी भाप बनकर उड़ जाएगा। अंग्रेजों का यही भय उन्हें इस देश के लोगों से दूर कर रहा है और एक दिन यह दूरी इतनी अधिक हो जाएगी कि ब्रिटिश सरकार को अपने निर्णयों पर पश्चात्ताप करने का अवसर भी नहीं मिलेगा।''

दादाभाई नौरोजी का यह कथन सत्य सिद्ध हुआ। अपने गहन अनुभवों से उन्होंने समझ लिया था कि ब्रिटिश सरकार अपनी साम्राज्यवादी नीति से अलग नहीं हो सकती और इसकी झलक भी स्पष्ट मिल रही थी। बंगाल विभाजन की त्रासदी इसी साम्राज्यवाद का परिणाम थी। अंग्रेजों के प्रथम गवर्नर लॉर्ड रॉबर्ट क्लाइव की 'फूट डालो और राज करो' की नीति का अंग्रेज सरकार सदैव से ही अनुसरण कर रही थी और आगे भी करती रहनेवाली थी।

दादाभाई ने यह भी समझ लिया था कि न्याय और सुशासन के लिए विख्यात ब्रिटिशशाही का यह स्वरूप केवल ब्रिटेन के लिए ही था और अपने अधीनस्थ देशों के मामलों में उसका स्वरूप कठोर तानाशाही तथा घोर शोषण से भरा था।

दादाभाई को इन सब अनुभवों से ही ब्रिटिश सरकार के प्रति निराशा हुई थी। ऐसे निराशा के संकटकाल में बंगाल की युवा-क्रांति ने आशा की किरण जलाई। इससे उन्हें लगने लगा कि पूर्ण स्वराज्य ही भारत के सर्वांगीण विकास का एकमात्र विकल्प है। उन्होंने यूरोप में उठे समाजवादी आंदोलन का समर्थन करते हुए जान लिया था कि ब्रिटिश सरकार समाज को केवल अंग्रेजियत के समकक्ष होने पर ही मान्यता देती है, अन्यथा उसकी दृष्टि में अन्य सभी समाज निम्न और तुच्छ हैं।

जब अमेरिका जैसे देश ने अठारहवीं शताब्दी के उत्तरार्द्ध में अंग्रेजी शासन को इन्हीं कारणों से नकार दिया था तो अब भारत के लिए भी यही करना श्रेयस्कर था। इन सभी तथ्यों ने दादाभाई के विचारों में भी आक्रामकता ला दी थी और वे युवा विद्रोह से लगभग सहमत ही थे, किंतु फिर भी कुछ कारकों से वे युवा विद्रोह को अहितकारी समझते थे। इस संबंध में इस विद्रोह

के नेताओं से उन्होंने बातें कीं और उन्हें अपने सुझाव भी दिए। इस बारे में उनका कहना था—

"भारतीय समाज की जटिल संरचना में युवा विद्रोह को अधिकांशत: अपनी परंपराओं के विरुद्ध समझा जाता है और क्रांति के मार्ग पर गुप्तता ऐसी पहली शर्त है, जो भारतीय जनमानस में प्राय: नहीं पाई जाती। इससे युवा वर्ग को जो कठिनाइयाँ होती हैं, वे बहुत अहितकारी हैं। सरकार इस स्थिति का लाभ उठाती है और जनसाधारण को यह समझाने का प्रयास करती है कि ये क्रांतिकारी लुटेरे, अराजक तत्त्व हैं।

भारतीय जनमानस में अभी इतनी जागरूकता नहीं है। वे नहीं समझते कि देश के लिए रातों में विचरण करते लोग क्रांतिकारी देशभक्त हैं। उनकी दृष्टि में रात्रि-विचरण केवल चोर-लुटेरे ही करते हैं, अत: इस क्रांतिकारी आंदोलन की सफलता पर संदेह होता है। आवश्यक यह है कि इस आंदोलन को भारतीय जनमानस से जोड़ा जाए और इसे सुनियोजित किया जाए।"

दादाभाई नौरोजी ने दोनों पक्षों को अपने सुझावों से संतुष्ट किया। नरम दल को यह भी समझाया कि महज अर्जियाँ लिखकर और मामूली सुधारों से संतुष्ट होकर ब्रिटिश सरकार की मनमानी सहना उचित नहीं है। इसके लिए आंदोलन में उग्रता की आवश्यकता है। दूसरी ओर गरम दल को यह कहकर समझाया कि अंग्रेजों को एकदम से भारत से भगाने के लिए एकजुटता और संकल्प की विशेष आवश्यकता है, जो अभी देश में नहीं है। इसके लिए और अधिक प्रयासों की आवश्यकता है। उन्होंने यह भी कहा कि देश को जिस राजनीतिक स्वतंत्रता की आवश्यकता है, वह कांग्रेस की एकजुटता से ही संभव है और इसमें पड़ी फूट का लाभ केवल अंग्रेज सरकार को ही मिलेगा। नरम दल की उदारता से यदि वह हठधर्मी हो रही है तो गरम दल की उग्रता उसे और अधिक पैशाचिक बना सकती है, जिसके कुछ संकेत भी मिल रहे हैं।

अधिवेशन की अध्यक्षता करते हुए दादाभाई नौरोजी ने कहा, "अब समय आ गया है कि जब हमें इस बात पर विचार करना चाहिए कि हम ब्रिटिश राज्य के नागरिक हैं अथवा नहीं। भारत में ब्रिटिश शासन है और

इस नियम से हम भी आजाद ब्रिटिश नागरिक हैं। सरकार को या तो हमारा ब्रिटिश नागरिक होना स्वीकार करके शासन में, कम-से-कम भारतीय शासन में हमारी भागीदारी सुनिश्चित करनी चाहिए अथवा इस आशय का कि हम केवल ब्रिटिश शासन के गुलाम हैं, अपना दृष्टिकोण स्पष्ट कर देना चाहिए, जिससे विश्व समुदाय यह तो जान ही सके कि भारत में उठ रहे विद्रोह ब्रिटिश सरकार की साम्राज्यवादी मानसिकता का परिणाम हैं। यह संपूर्ण स्थिति केवल एक ही शब्द में परिभाषित की जा सकती है और वह शब्द है—स्वराज्य!''

दादाभाई ने अधिवेशन में गरम दल की भावनाओं, विचारों और कार्यों की सराहना भी की। उन्होंने अपनी बात स्पष्ट करते हुए कहा, ''युवा वर्ग ने विरोध का जो मार्ग चुना है, वह आत्मघाती है। इस परिप्रेक्ष्य में इस वर्ग की महानता और भी बढ़ जाती है। वे जानते हैं कि हिंसक आंदोलन में बलिदानों की परंपरा रही है और जो बलिदान देने को तैयार हैं, वे कैसे सच्चे देशभक्त नहीं होंगे! वे अपने लिए नहीं जूझ रहे हैं, अपितु भारत के भविष्य के लिए जूझ रहे हैं, जो पूर्णतः दयनीय अवस्था में है। अतः हमें उनका महत्त्व भी कम करके नहीं आँकना चाहिए, किंतु साथ ही मैं उन युवाओं से यह भी कहूँगा कि यह आंदोलन रक्तविहीन रहे, तो विश्व में आदर्श स्थापित होगा। न्याय पाने की एक नई परिपाटी का सृजन होगा, जिसका संसार अनुसरण करेगा।''

दादाभाई नौरोजी को 'नरम दल का गरम नेता' कहा जाए तो कोई अतिशयोक्ति न होगी। उन्होंने एक ही मंच से दोनों दलों को सही ठहराते हुए उन्हें आवश्यक सुझाव दिए और एकजुट रहने का महामंत्र भी दिया। इस अधिवेशन में दादाभाई की अध्यक्षता ही एक प्रमुख कारण रही, जो कांग्रेस दो दलों में बँटने से बच गई। यद्यपि यह स्थिति अधिक दिनों तक न बनी रह सकी। कांग्रेसी नेताओं के वैचारिक मतभेद निरंतर बढ़ते ही गए।

यहाँ सबसे बड़ी विडंबना यह रही कि राजनीति के खेल में अभी वयस्कता की ओर बढ़ रही कांग्रेस के नेता इस खेल की मँजी हुई, अपितु शताब्दियों का अनुभव लिए ब्रिटिश राजनीति की चपेट में आने से स्वयं को न बचा सके। ब्रिटिश सरकार ने कांग्रेस के मतभेदों का लाभ उठाया और

नरम दल को कई आश्वासन देकर भ्रमित कर दिया।

ब्रिटिश सरकार ने कहा कि वह राजनैतिक स्तर पर सुधारों की प्रक्रिया आगे बढ़ाने के लिए गंभीर है। इस संबंध में शीघ्र ही ठोस प्रस्ताव लाया जाएगा, किंतु उससे भी अधिक आवश्यकता यह है कि देश में अराजकता और विद्रोह न पनपने दिए जाएँ।

कांग्रेस सरकार के छलावे में आ गई और पूर्ण रूप से युवा-क्रांति से अलग हो गई।

□

समाजवाद के प्रणेता

दादाभाई नौरोजी बहुमुखी व्यक्तित्व के धनी थे। मानवीय गुणों के संबंध में उनका दृष्टिकोण व्यापक था। उनका मानना था कि एक व्यक्ति अपने जीवन में, चाहे वह कितनी भी अवधि का हो, तब तक सीखता रहता है, जब तक कि उसकी देहलीला का अंत नहीं हो जाता। सीखने की इस प्रक्रिया में जो आलस्य करता है, वह अपने विकास के उसी चरण पर ठहर जाता है, जहाँ वह सीखने की प्रक्रिया में रुका था। इस प्रक्रिया में दादाभाई ने कभी भी आलस्य नहीं किया। वे मानवीय मूल्यों से संबंधित ज्ञान प्राप्त करने में कभी भी पीछे नहीं रहे और इसके लिए अध्ययन के साथ ही सुविज्ञ जनों से मेल-मिलाप करना उन्हें सदैव प्रिय रहा।

दादाभाई ने यह भी देखा था कि अंग्रेजों में भी ऐसे उदार और सुविज्ञ जनों की कोई कमी नहीं थी, जो न केवल साम्राज्यवाद के प्रबल विरोधी थे, बल्कि श्रमिक-वर्ग की दयनीय दशा पर चिंतातुर भी रहते थे। यह साम्राज्यवाद में समाजवाद की दस्तक थी। उनके अंग्रेज मित्रों में एच.एम. हिंडमैन ऐसे व्यक्ति थे, जो इंग्लैंड में समाजवाद की आधारशिला रख रहे थे। उनका यहाँ तक कहना था कि जब तक इंग्लैंड में श्रमिकों का क्रांतिकारी आंदोलन नहीं होगा, तब तक ब्रिटिश साम्राज्यवाद को अपनी त्रुटियों का आभास भी नहीं होगा। समाजवाद मानव समाज की एक परम आवश्यकता है। यही एक ऐसा वाद है, जो लागू हो जाए तो संसार में शांति और समृद्धि दोनों स्थापित हो सकती हैं।

'समाजवाद' शब्द सर्वप्रथम रूसी क्रांति में प्रयोग किया गया था। आदर्श समाजवादी प्रवक्ता माने जानेवाले वेल्स निवासी रॉबर्ट ओवेन ने सबसे पहले समाजवाद की परिकल्पना की। कार्ल मार्क्स ने भी वैज्ञानिक समाजवाद का समर्थन किया। उसने 'दुनिया के मजदूरो एक हो जाओ' का वैश्विक नारा देकर साम्राज्यशाही में हलचल मचा दी थी।

दादाभाई ने जब समाजवाद से संबंधित जानकारी ली, अध्ययन किया तो उन्हें पता चला कि यह साम्राज्यशाही केवल श्रमिक के कंधों पर रखी है और वह श्रमिक भारतीय, ब्रितानवी अथवा रशियन नहीं, बल्कि एक आदमी है। समाजवाद में इसी श्रमिक को महत्त्व दिया गया।

दादाभाई ने स्वयं भी यह देखा था कि वैभव और ऐश्वर्य से परिपूर्ण लंदन में श्रमिक-वर्ग की स्थिति विशेष अच्छी नहीं थी। इसका एक ही अर्थ निकलता था कि साम्राज्यवाद ने आय के साधनों में श्रमिक को मुख्य माना था और अपने औपनिवेशिक राज्यों में वह इसी श्रमिक-शक्ति का दोहन कर रहा था। उसे मजदूर से इतना ही स्वार्थपूर्ण मतलब था।

दादाभाई नौरोजी को समाजवाद की अवधारणा ने प्रभावित किया और वे श्रमिक-वर्ग के समर्थन में उतर आए। सन् 1904 में वे एम्सटर्डम में होनेवाले विश्व समाजवादी सम्मेलन में भाग लेने के लिए गए। भारतीय प्रतिनिधि के रूप में वे पहले भारतीय थे, जो ऐसे विराट् सम्मेलन में शामिल हुए थे। इस सम्मेलन में उन्होंने अपने भाषण में भारतीय समाज का जीवंत चित्र प्रस्तुत करके विश्व को संदेश दिया कि 'समाजवाद' शब्द का विधिवत् प्रयोग भले ही अब हुआ हो, परंतु यह शब्द भारतीय संस्कृति के कोष में मूल तत्त्व रहा है। उन्होंने अंग्रेजी में अपना भाषण दिया था, जिसे दुभाषियों की मदद से जर्मन और फ्रेंच में अनूदित कराया गया।

दादाभाई नौरोजी का भाषण इस सम्मेलन का विशेष आकर्षण रहा और उन्हें तालियों का वैसा ही सम्मान मिला, जो एक दशक पहले स्वामी विवेकानंद को शिकागों में मिला था। यह उनके भाषण का ही प्रभाव था, जिससे इस सम्मेलन में यह प्रस्ताव पास किया गया कि इंग्लैंड के मजदूर

भारत की सरकार पर वहाँ के मजदूर वर्ग के अधिकारों के लिए दबाव बनाएँ और समाजवाद के हाथ मजबूत करें।

जब दादाभाई का यह भाषण और सम्मेलन की रिपोर्ट विश्व भर के अखबारों में प्रकाशित हुई तो जैसे तहलका मच गया। भारत में भी दादाभाई के इस महत्त्वपूर्ण भाषण की प्रशंसा उनके जयकारों के साथ की गई। दादाभाई ने यूरोप की इस सभा में अंग्रेजी साम्राज्यवाद का कच्चा चिट्ठा खोलकर रख दिया था। इससे उन्हें कई अंग्रेजी अखबारों के विरोध का सामना भी करना पड़ा।

अंग्रेज सरकार ने दादाभाई के द्वारा भारतीय आंदोलन को समाजवादी आंदोलन से जोड़ने के कारण उन्हें बहुत बुरा-भला भी कहा, किंतु इस अनर्गल प्रलाप का दादाभाई पर कोई प्रभाव न पड़ा। इस बात से दादाभाई के सामने एक बात अवश्य स्पष्ट हो गई थी कि ब्रिटिश सरकार अपनी कारगुजारियों को विश्व-मंच पर नहीं आने देना चाहती। सरकार इससे कहीं-न-कहीं डरती है। सरकार की इस कमजोरी और समाजवाद की शक्ति को दादाभाई ने अच्छी तरह भाँप लिया था। अत: अब उन्होंने इंग्लैंड की जनता को समाजवाद से और अधिक परिचित कराने की ठानी।

जुलाई 1905 में दादाभाई ने हालबर्न क्षेत्र की एक चुनावी सभा को संबोधित किया। इस सभा में उन्होंने एक नया ही समाजवाद खड़ा कर दिया, जो तत्काल तो नहीं, किंतु बाद में और आज तक वहाँ भी अमल में लाया जा रहा है। हालबर्न वही क्षेत्र था, जहाँ दादाभाई ने पहली बार चुनाव लड़ा था और उन्हें पराजय मिली थी, किंतु इस बार स्थिति कुछ दूसरी बनती दिखाई दे रही थी। इस सभा में उन्होंने कहा, "जब श्रमिक अथवा सैनिक अपनी यौवनावस्था को सरकार के हित में समर्पित कर देता है तो उसकी वृद्धावस्था की जिम्मेदारी किसकी बनती है? जाहिर है कि सरकार की। अत: सरकारों को चाहिए कि वह वृद्धावस्था पेंशन से इन लोगों के प्रति कृतज्ञता प्रकट करे। इससे गरीबी भी दूर होगी और सरकार पर लोगों का भरोसा भी बढ़ेगा।"

दादाभाई ने समाजवाद को इतना आत्मसात् कर लिया था कि उन्होंने

इस संबंध में 'मजदूरों के अधिकार' नाम की एक योजना भी बनाई और इसे सबके सामने रखा। इस योजना में दो मुख्य कार्यबिंदु थे—

1. मजदूरों और मिल-मालिकों के बीच आए दिन झगड़े बढ़ते जा रहे हैं, जो अधिकांशत: मिल-मालिकों की शोषण-नीति के विरोध में ही होते हैं। ऐसे झगड़ों में अकसर तो वाद दायर ही नहीं होते और होते भी हैं तो उनका फैसला धन के बल पर होता है। अत: सरकार को चाहिए कि वह इस प्रकार के वाद-विवादों के निबटान हेतु अलग से अदालतों का गठन करे।

2. सरकार को समझना चाहिए कि किसी भी व्यवस्था में मजदूर वर्ग की भूमिका महत्त्वपूर्ण होती है। इस प्रकार देखा जाए तो मजदूर किसी भी देश की अमूल्य निधि है और उसकी सुरक्षा उसी प्रकार की जानी चाहिए, जिस प्रकार संपत्ति की सुरक्षा की जाती है। अंतत: धन का स्रोत ये मजदूर ही हैं।

दादाभाई नौरोजी ने श्रमिक शक्ति को एकजुट करने की दिशा में महत्त्वपूर्ण कार्य किए और स्पष्ट किया कि जब भी स्वतंत्रता की बात होगी तो इसके लिए मजदूर आंदोलन की बात होगी। मजदूर एकता के समक्ष सरकारों का झुक जाना स्वाभाविक है।

वास्तव में दादाभाई का व्यक्तित्व अपने आप में अपूर्व था। उन्होंने अपने विचारों में हर प्रकार के मौलिक अधिकारों का व्यापक दृष्टिकोण शामिल किया था। वे केवल भारतीय हितों की ही बात नहीं करते थे, अपितु धीरे-धीरे उनकी दृष्टि वैश्विक होती गई और अनुभवों ने उन्हें एक दूरद्रष्टा बना दिया।

यह स्थापित सत्य है कि जब भारत को आजादी मिली तो उसके पीछे इंग्लैंड की लेबर पार्टी का बहुत बड़ा योगदान रहा, जो दादाभाई के विचारों से प्रेरित होकर ब्रिटेन में महत्त्वपूर्ण और शक्तिशाली राजनीतिक दल के रूप में विकसित हुई थी। यद्यपि यह लेबर-पार्टी दादाभाई के बहुत बाद में गठित हुई थी, तथापि इसकी स्थापना में उन्हीं की वैचारिक प्रेरणा थी।

एक सुप्रसिद्ध अंग्रेज राजनीतिक लेखक ने अपने लेख में लिखा था, ''यदि आज दादाभाई होते तो वे इस लेबर-पार्टी के वरिष्ठ नेताओं में से एक होते—इसमें कोई संदेह नहीं है।''

दादाभाई ने अपने कार्यों और विचारों से हर उस व्यक्ति को प्रभावित किया, जो किसी भी रूप में उनके संपर्क में आया। वे भारत के उन विश्वस्तरीय नेताओं में से रहे, जिन्हें मानव समाज के हितों का प्रबल और सफल समर्थक कहा जाता है।

दादाभाई नौरोजी ही भारत के वे पहले समाजवादी थे, जिन्होंने समाजवाद का नया रूप स्थापित किया।

□

लेखनी के पुरोधा

दादाभाई नौरोजी की स्मरणशक्ति अद्भुत थी और विचारों की प्रस्तुति में भी उनका कोई सानी नहीं था। जब आँकड़ों और रिकॉर्डों को कागजों पर उतारा जाता था, वे उस समय के कंप्यूटर कहे जा सकते हैं। अधिकांश आँकड़े और रिकॉर्ड सरकारी थे, फिर भी उन्हें दादाभाई ने किस प्रकार हासिल किया, यह विचारणीय तथ्य है। अंग्रेजी भाषा पर उनका अधिकार देखते ही बनता था, जबकि वे भारत में पढ़े थे और उनकी पढ़ाई-लिखाई ऐसे समय में हुई थी, जब भारत में शिक्षा की दुर्दशा थी। संभवत: उन्होंने किशोरावस्था में ही निश्चय कर लिया था कि उनके जीवन का लक्ष्य अंग्रेज सरकार से भारतीय हितों की रक्षा करना है और इसके लिए अंग्रेजी भाषा ही अच्छा, सशक्त और एकमात्र माध्यम थी।

दादाभाई ने कलम को अपना मुख्य अस्त्र बनाया और जीवन भर यह अस्त्र उनके हाथ में ही रहा। कलम के धनी और विलक्षण स्मरणशक्ति होने के कारण उन्हें अधिकतर यही कार्य मिले। विद्यार्थीकाल में तो सभी लोग कलम का साथ पाते हैं, किंतु दादाभाई उन विरलों में से थे, जो जीवनपर्यंत कलम के साथी रहे। पढ़ाई छोड़ते ही वे स्कूल में अध्यापक और फिर प्रथम भारतीय प्राध्यापक बने। समाज-सुधार के कार्यों और पत्रिका 'रास्तगुफ्तार' के प्रकाशन में भी उन्होंने अपनी लेखनी की शक्ति का लोहा मनवाया।

दादाभाई व्यापार के क्षेत्र में भी समृद्ध लेखन-क्षमता के कारण ही गए। श्री कामाजी ने उन्हें अपने व्यापार में साझीदार बनाया था। कामाजी ने दादाभाई

की इस योग्यता को विशेष रूप से ध्यान में रखा था कि वे आर्थिक आँकड़ों के विशेषज्ञ थे। बाद में अपनी निजी कंपनी में भी वे स्वयं ही बहीखाते तैयार करते थे।

दादाभाई की कलम से जो अत्यंत महत्त्वपूर्ण कार्य हुआ, वह भारत में प्रति व्यक्ति आय का आकलन था और यह समूचे देश के आय-व्यय आदि हजारों आँकड़ों के एकत्र करने के दुर्लभ, परंतु सफल प्रयास का परिणाम था।

भारत की भूमि की पैमाइश करना और उसमें से योग्य-अयोग्य भूमि की छँटाई करना तथा उस पर भी क्षेत्रानुसार भूमि की उत्पादकता पर विस्तृत आँकड़े एकत्र करना कोई सरल कार्य नहीं कहा जा सकता। इसके बावजूद भारत के आय-व्यय से संबंधित सरकारी आँकड़े जुटाना कैसे संभव हुआ होगा, इसकी कल्पना आश्चर्यजनक है। उस समय जो अंग्रेज सरकार अपने कार्यों की जानकारी किसी को भी नहीं देती थी, उसके आँकड़े साक्ष्यों सहित उपलब्ध कर पाना दादाभाई नौरोजी के लिए ही संभव था। उन्होंने हर सरकारी और गैर सरकारी विभाग तथा सार्वजनिक संस्थाओं से आँकड़े प्राप्त किए। इन सभी आँकड़ों को दादाभाई ने क्रमबद्ध किया और एक विस्तृत रिपोर्ट भी तैयार की, जिसे उन्होंने ब्रिटेन की लोकसभा में प्रस्तुत किया।

दादाभाई ने अपने प्रयासों से संसार भर को यह बात बताई कि जिस भारत देश को 'सोने की चिड़िया' कहा जाता है, वहाँ वास्तव में प्रति व्यक्ति आय 20 रुपए थी। इससे स्पष्ट होता था कि भारत में अंग्रेजी शासन ने क्या बदहाली फैला रखी है। दादाभाई ने अपने इस कठिन परिश्रम को पुस्तकाकार में भी समेटा और तत्कालीन भारत की आर्थिक और राजनीतिक दशा का सटीक प्रस्तुतीकरण किया। दादाभाई द्वारा लिखी गई पुस्तकों ने विश्व भर में व्यापक चर्चा पाई और भारत में ब्रिटिश कुशासन की कड़ी आलोचना हुई।

'पॉवर्टी ऑफ इंडिया' में दादाभाई ने स्पष्ट किया कि भारत किस प्रकार का गरीब देश है। उन्होंने भारत के प्राकृतिक-आर्थिक संसाधनों की विस्तृत जानकारी देते हुए बताया कि इस देश में किसी भी खनिज और अन्न आदि की कोई कमी नहीं है। यहाँ की भूमि की विशेषता यह है कि यहाँ जिस स्थान

पर भी बीज रोप दिया जाए, वहीं पौधा और फल उत्पादित होते हैं। यहाँ की श्रमशक्ति भी संसार की अन्य श्रमशक्तियों की अपेक्षा सशक्त है। यहाँ का श्रमिक सर्दी, गरमी और बरसात से बेखबर अपने कार्य में जुटा रहता है, फिर भी वह गरीब है, देश गरीब है।

भारत गरीब है तो इसका कारण ब्रिटिश कुशासन तंत्र है। ब्रिटेन अपने स्थापित आदर्शों और सिद्धांतों के विपरीत भारत में शासन कर रहा है। करों के ऐसे-ऐसे बोझ यहाँ की गरीब जनता पर लादे गए हैं कि अन्न उगानेवाले भूखों मर रहे हैं।

दादाभाई ने भारत में आनेवाली प्राकृतिक आपदाओं का भी मार्मिक वर्णन किया। उन्होंने स्पष्ट किया कि ब्रिटिश सरकार की संवेदनहीनता का इससे बड़ा प्रमाण और क्या होगा कि दुर्भिक्ष की स्थिति में भी वह अपने अकाल पीड़ित नागरिकों की कोई सहायता नहीं करती। अकाल आयोग का गठन हर बार होता है और यह आयोग अपनी रिपोर्ट इस प्रकार देता है कि यदि बिहार में दुर्भिक्ष पीड़ितों की सहायता करनी है तो उड़ीसा में कुछ अतिरिक्त कर लगाए जाएँ। यह एक प्रकार से अन्याय की पराकाष्ठा है। सरकार दुर्भिक्ष के कारणों को जानकर उनका निदान कर सकती है, यदि ऐसा नहीं भी हो तो उसके प्रभाव को कम अवश्य कर सकती है।

दुर्भिक्ष के मूल में खाद्यान्न का अभाव होता है, जो वर्षा न होने अथवा अधिक होने से होता है। सरकार कृषि की तकनीक से कार्य करे तो इन विपरीत स्थितियों को दूर किया जा सकता है। कम वर्षावाले क्षेत्रों में सिंचाई की व्यवस्था की जा सकती है और अधिक वर्षावाले क्षेत्रों में फसल का स्वरूप बदला जा सकता है। भारत की पक्की फसल माने जानेवाले चाय, सेब, फलों और मेवों के बागान सरकार के अधीन हैं अथवा सरकार के चाहनेवालों के अधीन हैं। इनमें श्रमशक्ति भारतीय ही है, जिसकी पारिश्रमिक दर कहीं तो न्यून है और कहीं कुछ भी नहीं है।

भारत की श्रमशक्ति अभी तक दास-प्रथा से मुक्त नहीं हो सकी है और न ही सरकार ऐसा कोई कदम उठाने की इच्छुक है। एक्ट 1843-V के

अनुसार, यह कानून बना था कि दास-प्रथा का अंत हो, परंतु वास्तव में यह कानून भारत में कहीं लागू होता दिखाई नहीं देता। लागू हो भी तो कैसे! दासों पर निर्भर रहनेवाले अधिकतर पूँजीपति या तो अंग्रेज हैं अथवा अंग्रेज सरकार से संरक्षण प्राप्त हैं। ऐसे में इन कानूनों को कैसे प्रभावी किया जा सकता है?

देश में प्राथमिक-शिक्षा का आधार क्षेत्रीय भाषा होती है और इसके बाद मातृभाषा, परंतु सरकार ने भारतीय परिवेश के विपरीत अपनी शिक्षा-पद्धति थोपी है। यह सुधार कैसे कहा जा सकता है?

सिविल-सर्विसेज में सरकार ने भारतीयों की भागीदारी को कभी वैध और उचित इसलिए नहीं माना, क्योंकि उनकी दृष्टि में भारतीयों की बौद्धिक-क्षमता इन पदों के अनुरूप नहीं है, जबकि यह बात सरासर गलत है। आज भी बहुत से भारतीय सरकारी नौकरियों में निम्न और मध्यम श्रेणी के पदों पर कार्यरत हैं और अंग्रेज कर्मचारियों से बेहतर परिणाम दे रहे हैं।

इस बात को अंग्रेज सरकार की कुटिल मानसिकता न समझा जाए तो और क्या समझा जाए कि जब भी अपने साम्राज्य विस्तार के लिए अथवा सत्ता बचाने के लिए अंग्रेज सेना को युद्ध करना पड़ता है तो उसका व्यय भारत की जनता पर 'कर' लगाकर वसूला जाता है। युद्ध के दौरान भारतीय सैनिकों को प्रथम पंक्ति में रखा जाता है। क्या यही अंग्रेज सरकार की न्यायप्रियता है...सुशासन है?

भारत को गरीब करना वास्तव में ब्रिटिश सरकार की लालच से परिपूर्ण नीति का परिणाम है। यह कहाँ का न्याय है कि जब कोई रियासत अंग्रेजी शासन में विलय की जाती है तो उसका कोष इंग्लैंड भेज दिया जाता है और उस रियासत की प्रजा को और भी दुर्दिन देखने पड़ते हैं। सच्चाई तो यह है कि जो अंग्रेज सरकार इतिहास के पन्नों पर 'न्यायप्रिय' के रूप में दर्ज है, वह अपने आदर्शों और सिद्धांतों का पालन ब्रिटेन में संभवत: करती होगी, किंतु अपने अधीन देशों में नहीं करती और भारत में तो निश्चित रूप से नहीं करती।

दादाभाई नौरोजी ने भारत की दशा प्रस्तुत करनेवाले आँकड़े जुटाने में 30 वर्ष से भी अधिक समय लिया, जो स्पष्ट करता है कि उनका देशप्रेम कितना

उच्चस्तरीय था। उन्होंने सन् 1855 में भारत से इंग्लैंड की ओर प्रस्थान किया और भारतीय-हितों को साधने में वे इतने तल्लीन हो गए कि अपने परिवार तक को भी विस्मृत कर दिया। इतने त्याग, देशप्रेम और समर्पण की भावना भारतीय स्वतंत्रता के इतिहास में अन्य कहाँ मिलेगी। यही वे आदर्श थे, जिनके अनुसरण से उनके बाद का स्वतंत्रता-आंदोलन चलाया गया। दादाभाई ही एकमात्र ऐसे महान् व्यक्ति थे, जिनसे हिंसावादियों और अहिंसावादियों दोनों ने प्रेरणा ली। वास्तव में वे दोनों आंदोलनों की नींव में थे।

दादाभाई ने 'भारत की गरीबी' के विषय को आगे बढ़ाते हुए 'पॉवर्टी इन इंडिया' पुस्तक लिखी, जिसने सफलता के कई पायदान पार किए। दूसरी पुस्तक 'पॉवर्टी इन अनब्रिटिश रूल इन इंडिया' लिखी है, यह पुस्तक उनकी 30 वर्ष की अनवरत मेहनत का परिणाम थी। उन्होंने इंग्लैंड में रहते हुए भारत के आय-व्यय के जो भी आँकड़े एकत्र किए, उन्हें शालीनता के साथ पुस्तक के रूप में प्रकाशित किया। 700 पृष्ठों में ये वृहद् आँकड़े और अनुभव उन्होंने जब कलमबद्ध किया तो इसने ब्रिटिश सरकार की नींद उड़ा दी। दादाभाई ने इस पुस्तक में मुख्य रूप से दो पहलुओं पर प्रकाश डाला था। उन्होंने भारत की आर्थिक दशा को, प्राप्त किए गए आँकड़ों के आधार पर विश्व के सामने रखा और देश की राजनीतिक दशा को अपने विस्तृत अनुभव के आधार पर लिखा।

भारत की दयनीय दशा का उत्तरदायी ब्रिटिश शासन को ठहराते हुए दादाभाई नौरोजी ने स्पष्ट लिखा कि यदि समय रहते अंग्रेज सरकार नहीं सँभली तो एक दिन भारतीय उसके सामने उठ खड़े होंगे और उनका शासन उखाड़ फेंकेंगे। उनकी कलम में शब्दजाल के स्थान पर सच्चाई झलकती थी।

यद्यपि दादाभाई नौरोजी की पुस्तकों के रूप में ये दो पुस्तकें ही मिलती हैं, तथापि उन्होंने लोकहित और देशहित के लिए बहुत कार्य किया। दादाभाई हालाँकि साहित्यकार नहीं थे, किंतु देशहित के जिस कार्य को उन्होंने अपने जीवन का लक्ष्य बना लिया था, उस पर खूब लेखनी चलाई। स्पष्टत: वे अपनी लेखनी के बल पर अंग्रेज सरकार को उसके कर्तव्य का बोध कराना

चाहते थे। इसके साथ ही अंग्रेजों को भारत की दुर्दशा का उत्तरदायी ठहराकर उनके ही देश में उनकी पोल खोलना चाहते थे।

दादाभाई ने बड़ौदा की दीवानी और बंबई नगरपालिका की सेवा में भी कलम का ऐसा जौहर दिखाया कि देखनेवाले दंग रह गए। बड़ौदा के दीवान पद पर कार्य करने का साहस उस समय किसी में नहीं था। वहाँ भ्रष्टाचार और चाटुकारिता का वातावरण था और वहाँ का राजा बहुत अहंकारी और स्वार्थी प्रवृत्ति का था। इसके बावजूद दादाभाई ने वहाँ अपनी क्षमता का ऐसा प्रदर्शन किया कि बड़ौदा की जनता उनकी जय-जयकार कर उठी।

कहा जाता है कि आयु के एक पड़ाव पर आकर व्यक्ति शरीर और मस्तिष्क से थक जाता है, लेकिन दादाभाई इसके अपवाद रहे। वे आयु के बढ़ते पड़ावों पर और भी अधिक सक्रिय तथा प्रभावशाली होते गए। उनकी कार्यक्षमता अंतिम समय तक प्रभावित नहीं हुई, तब भी जब वे शरीर से शिथिल हो गए थे तो अपने मस्तिष्क को देशहित में प्रयोग करते रहे।

दादाभाई ने संभवतः उसी समय अपना मार्ग तय कर लिया था, जब शैक्षणिक काल में उन्हें 'भारत की आशा' के विशेषण से नवाजा गया। इसके बाद तो जैसे वे केवल इसी लक्ष्य के होकर रह गए। उन्होंने योग्यता को ही इस लक्ष्य-प्राप्ति का माध्यम बनाया और जब इस समरांगण में कूदे तो उसी जमीन पर जाकर सैद्धांतिक लड़ाई लड़ी, जिस पर ब्रिटिश सरकार का आधिपत्य था। ब्रिटेन में जाकर ब्रिटेन के लोगों से इतना समर्थन, सम्मान और प्रेम प्राप्त करने का करिश्मा दादाभाई ने किया। वे उस ब्रिटिश संसद् के सदस्य बने, जिसमें किसी गैर ब्रितानवी का निर्वाचित हो जाना लगभग असंभव ही था, किंतु दादाभाई ने इस असंभव को संभव कर दिखाया।

दादाभाई की वाणी और उनके लेखों ने उन्हें ब्रिटेन के अभिजात्य-वर्ग में स्थापित कर दिया था। वे एक ऐसी संस्था बनाने में सफल हुए, जिसमें भारतीय-हितों की आवाज उठानेवाले ब्रिटेन के जाने-माने लोग थे। यह किसी साधारण व्यक्ति द्वारा संभव नहीं था, ऐसे में निश्चय ही दादाभाई असाधारण व्यक्ति थे।

दादाभाई ने युवावस्था से ही अंग्रेजों पर अपनी विद्वत्ता की छाप छोड़ी थी और उनका सहयोग तथा समर्थन प्राप्त किया था। उनकी वाणी में यदि सौम्यता थी तो शब्दों में सत्य था और बड़ी बात यह थी कि बिना ठोस प्रमाण के वे किसी विषय को नहीं उठाते थे। यह भी एक विशेष कारण था कि वे अपनी बात सभी को भली प्रकार समझा पाते थे।

दादाभाई ने बहुत लंबा समय इंग्लैंड में व्यतीत किया, किंतु वे भारत की पल-पल की जानकारी लेते रहे। उस समय पत्राचार एक बड़ा माध्यम था। दादाभाई प्रतिदिन दर्जनों पत्र लिखते और इतने ही उन्हें प्राप्त होते थे। जब वे भारत में रहे तो यही सिलसिला उन्होंने इंग्लैंड में रहनेवाले अपने मित्रों से भी जारी रखा। स्पष्टत: दादाभाई की शक्ति उनकी कलम में ही रही, जो भले ही किसी साहित्यिक विधा में न चली हो, लेकिन जिस विषय में भी चली, निरंतर चलती ही रही।

दादाभाई नौरोजी का एकमात्र और प्रिय विषय भारत में शासकीय सुधार लाना था और इसी में उन्होंने अपना संपूर्ण जीवन लगा दिया। यह उनके नौ दशक के जीवन में से छह दशकों की यात्रा रही, जिसमें वे केवल भारत की जनता के दु:ख-दर्द को सीने से लगाए भारत से इंग्लैंड और इंग्लैंड से भारत आते-जाते रहे।

निस्संदेह वे उच्चकोटि के विद्वान् थे। उन्होंने भारतीय हितों का विरोध करनेवालों को प्रामाणिक और मुँहतोड़ जवाब दिया। ब्रिटेन की संसद् में उन्होंने जिस प्रभावशाली ढंग से भारतीय पक्ष की पैरवी की, वह उनकी विलक्षण और अद्भुत प्रतिभा को उजागर करने के लिए पर्याप्त है।

□

समकालीन देशभक्तों के साथ

भारतीय स्वतंत्रता के इतिहास को तीन चरणों में बाँटा जा सकता है। पहले चरण में छिटपुट विद्रोहों से शुरू होकर 1857 के बड़े, मगर असंगठित विद्रोह तक चला यह आंदोलन वास्तव में ब्रिटिश सरकार द्वारा उन रियासतों का अंग्रेजी साम्राज्य में विलय का परिणाम था, जो अंग्रेजों की दासता स्वीकार नहीं कर रही थीं। सैन्य-विद्रोह के रूप में 29 मार्च, 1857 को बैरकपुर की छावनी से शुरू हुआ यह आंदोलन न तो सुनियोजित कहा जा सकता है और न ही संगठित, अत: इसका दमन सरकार ने बड़ी निर्दयता से किया। इसमें एक विशेष बात यह रही कि दिल्ली के अंतिम मुगल सम्राट् बहादुरशाह जफर को अंग्रेजों ने नजरबंद करके रंगून भेज दिया और भारतीय शासन पर वे पूर्णतया काबिज हो गए।

दूसरे चरण के आंदोलन में प्रमुख भूमिका दादाभाई की ही रही। इस आंदोलन का लक्ष्य ब्रिटिश शासन को भारत में जनहित के सुधारों के लिए बाध्य करना था। दादाभाई ने वह कार्य सफलतापूर्वक किया। उन्होंने कुछ सुधारों की प्रक्रिया आगे बढ़वाने के साथ ही ब्रिटिश सरकार को काफी कुछ सोचने के लिए विवश किया। इस समय की प्रमुख घटनाओं में एक कांग्रेस की स्थापना रही और दूसरी यह रही कि बंग-भंग की त्रासदी से भारत को दो-बार होना पड़ा।

तीसरे चरण का आंदोलन निर्णायक रहा, जो महात्मा गांधी के नेतृत्व में लड़ा गया। इस समय के आंदोलन की प्रमुख विशेषता यह रही कि यह दो

धाराओं में बँटकर चला—हिंसात्मक और अहिंसात्मक। यह कहना कठिन है कि अंग्रेज सरकार ने किस धारा के सामने घुटने टेके, परंतु यह सत्य है कि दोनों प्रकार के आंदोलन अंग्रेजी साम्राज्य के गले की फाँस बन चुके थे और उन्हें भारत को आजाद करने के लिए विवश होना पड़ा।

विस्तृत रूप से देखा जाए तो दादाभाई नौरोजी इन तीनों चरणों के सक्रिय और सफल नेता रहे। दोनों प्रकार के आंदोलन उनकी व्यापक सोच से प्रभावित रहे। उग्रता में दादाभाई ने कोई कसर उठा रखी थी तो वह यह थी कि उन्होंने हाथ में हथियार नहीं उठाए थे, अन्यथा उनकी तीखी वाणी ने ब्रिटिश संसद् तक को हिलाकर रख दिया था। बाद में उनके स्वर में एक ऐसी आक्रामकता आ गई थी कि युवा-क्रांति को ऐसे समय में प्रोत्साहन मिला, जब नरम दल के वरिष्ठ नेता भी इन युवाओं से प्रसन्न नहीं थे। दादाभाई ने ऐसे समय में इन युवाओं के कदम को सही ठहराया, जब उन पर लुटेरे और अराजक तत्त्व होने का आरोप लगा था। हालाँकि वे युवा क्रांति से उग्रता तो चाहते थे, परंतु रक्तपात नहीं।

सन् 1760 से हुआ भारतीय विद्रोह 1974 तक कई बार उतार-चढ़ाव से गुजरता हुआ अंततः महात्मा गांधी के इर्द-गिर्द सिमट गया। सबसे पहला विद्रोह संन्यासियों द्वारा किया गया, जो केना सरकार और दिर्जिनारायण के नेतृत्व में लगभग 40 साल तक चला। इसके समांतर ही फकीर विद्रोह, चुआरो विद्रोह, पॉलीगरों का विद्रोह भी चले, जो सन् 1800 तक दबा दिए गए। ब्रिटिश सरकार ने भारत में यद्यपि मनमाना शासन किया, तथापि यह भी सत्य है कि उसे निरंतर विद्रोहों का भी सामना करना पड़ा।

दादाभाई का विद्रोह बौद्धिक और सैद्धांतिक रहा। उन्होंने ब्रिटिश शासन को आदर्शों और परंपराओं का ज्ञान कराने का प्रयास किया। वास्तव में उन्होंने सदैव मानवीय मूल्यों की लड़ाई लड़ी। उन्होंने जो मार्ग बनाया, उसने आगे चलकर देश की आजादी का मार्ग प्रशस्त किया।

दादाभाई नौरोजी अपने सभी समकालीनों के प्रिय और पूजनीय थे। गोपालकृष्ण गोखले, बाल गंगाधर तिलक, सर ए.ओ. ह्यूम और बाद में महात्मा

गांधी जैसे वरिष्ठ महापुरुष भी दादाभाई को सम्मान की दृष्टि से देखते और उनसे सुझाव लेते थे।

गोपालकृष्ण गोखले को अहिंसात्मक आंदोलन में विशेष स्थान प्राप्त है। उन्होंने ही भारतीय राष्ट्रीय आंदोलन को महात्मा गांधी जैसा महान् योद्धा दिया। वास्तव में गोखले महात्मा गांधी के राजनीतिक गुरु थे और दादाभाई नौरोजी गोपालकृष्ण गोखले के गुरु थे। यद्यपि गोखले के राजनीतिक और अध्यात्मिक गुरु महादेव गोविंद रानाडे थे, तथापि गोखले पर दादाभाई के विचारों का गहरा प्रभाव पड़ा और वे दादाभाई को भी अपना गुरु मानते थे।

फिरोजशाह मेहता, व्योमेशचंद्र बनर्जी और मदनमोहन मालवीय भी दादाभाई की योग्यता और देशहित में किए जानेवाले कार्यों से बहुत प्रभावित थे। ये दादाभाई से समय-समय पर सुझाव लेते रहते थे। ये सभी कांग्रेस के उदारवादी दल के वरिष्ठ नेता थे, जो पूरी तरह से दादाभाई के उदारवादी दृष्टिकोण से प्रभावित थे।

दादाभाई ने शांतिपूर्ण और वैधानिक ढंग से देश में सुधारों का मार्ग प्रशस्त किया था, जिस पर उदारवादी दल चलता रहा। यह दल क्रमिक सुधार के पक्ष में था और क्रांतिकारी गतिविधियों को इन सुधारों की राह में बाधा समझता था। इस दल का प्रयास था कि इस आंदोलन से राष्ट्रीय एकता की भावना और भारत की अहिंसा नीति का विश्व स्तर पर प्रदर्शन हो। ये सभी लक्ष्य दादाभाई ने ही तय किए थे। कांग्रेस की स्थापना के समय इसकी नियमावली दादाभाई के नेतृत्व में ही बनाई गई थी।

दादाभाई ने उस समय राजनीतिक चेतना जगाने का कार्य किया था, जब 1857 ई. का आंदोलन चरम पर था। ऐसे समय में देश में अस्थिरता का वातावरण था। दादाभाई जानते थे कि जब तक ब्रिटिश सरकार को उसके शासकीय कर्तव्यों का बोध नहीं होगा, तब तक भारत का हित नहीं हो सकता। यही कारण था कि वे सन् 1857 के सशस्त्र आंदोलन से पूर्व ही इंग्लैंड पहुँच गए थे। वे बड़े दूरद्रष्टा थे और समझ रहे थे कि अब भारत का शासन कंपनी सरकार के हाथों से निकलकर सीधे महारानी विक्टोरिया के हाथों में जानेवाला

है, क्योंकि कंपनी सरकार भारत में सुशासन नहीं दे सकती और ऐसा ही हुआ भी। दादाभाई ने तब तक इंग्लैंड में अपने पैर जमा लिए थे।

महात्मा गांधी द्वारा राष्ट्रीय आंदोलन को गांधी युग में बदल दिए जाने के पीछे दादाभाई की ही प्रेरणा थी। गांधीजी जब सन् 1893 में अब्दुल्ला नामक व्यापारी के मुकदमे के सिलसिले में दक्षिण अफ्रीका गए तो वे उससे पूर्व तभी से दादाभाई से प्रभावित थे, जब उन्होंने ब्रिटेन की संसद् में सन् 1892 में जीत दर्ज करके वहाँ की सदस्यता प्राप्त की थी। यह एक अभूतपूर्व घटना थी और गांधीजी भी इससे अछूते न रह सके। उन्होंने दक्षिण अफ्रीका पहुँचकर सन् 1894 में दादाभाई को अपना पहला पत्र लिखा। इस पत्र में उन्होंने दादाभाई को उनकी सफलता पर बधाई दी थी। उन्होंने दादाभाई को अपना पथप्रदर्शक और पितातुल्य माना। इसके बाद गांधीजी और दादाभाई के बीच स्नेहिल संबंध बन गया।

जब गांधीजी दक्षिण अफ्रीका में नस्लभेद के विरोध में ऐतिहासिक कार्य कर रहे थे तो दादाभाई इंग्लैंड की संसद् में उनकी पैरवी करते और गोरों को गांधीजी के महत्त्वपूर्ण मानवीय कार्य से परिचित कराते थे। दोनों के मध्य पत्राचार होता रहता था और सुझावों का आदान-प्रदान भी खूब होता था। यद्यपि गांधीजी आयु में दादाभाई से काफी छोटे थे, तथापि उन्होंने कई अवसरों पर गांधीजी से महत्त्वपूर्ण राय ली थी।

दादाभाई ने देशहित और लोकहित के कार्यों के बारे में राय लेते समय कभी छोटे अथवा बड़े का भाव मन में उत्पन्न नहीं किया। गांधीजी बैरिस्टर थे और उन्हें कानूनी विषयों की अधिक जानकारी थी। अत: दादाभाई आवश्यकता पड़ने पर गांधीजी से कुछ भी पूछने में संकोच नहीं करते थे। उनका सहयोग लेने और देने की नीति पर सदैव जोर रहा। गांधीजी सन् 1915 में भारत लौटे। इस समय तक दादाभाई शारीरिक रूप से सक्रिय आंदोलन से दूर हो चुके थे, परंतु गांधीजी ने उनका शिष्य होने के नाते उनके लक्ष्य को अपने हाथ में ले लिया था और वे सदैव उनके बनाए हुए मार्ग पर ही चलते रहे।

महात्मा गांधी की विचारधारा और कार्यशैली पूर्णतया दादाभाई से

प्रभावित थी। यह बात आगे चलकर सिद्ध भी हो गई, जब गांधीजी ने भी वैधानिक और शांतिपूर्ण ढंग से अंग्रेज सरकार का सामना किया। अहिंसा का मूल-मंत्र हमारे मनीषी विद्वानों ने हमें दिया और इसकी शक्ति का प्रभाव सभी धर्मों में देखने को मिला। दादाभाई ने इसी मार्ग को अपनाया और फिर इस मार्ग पर चलनेवालों की संख्या लाखों में हो गई। सत्य की शक्ति का सफल प्रयोग गांधीजी दक्षिण अफ्रीका में कर चुके थे और कहना न होगा कि यह दादाभाई की ही प्रेरणा थी। स्पष्टत: दादाभाई राष्ट्रीय आंदोलन के प्रेरणास्रोत और मार्गदर्शक रहे।

अनुदारवादियों से भी दादाभाई को कोई विशेष शिकायत कभी न रही। वे समझते थे कि मानवीय दृष्टिकोण में विविधताएँ होती हैं। यदि विश्व में एक ही प्रकार के दृष्टिकोण होते तो जीवन का सौंदर्य ही नष्ट हो जाता। वे इंग्लैंड में भी अनुदार दल के संपर्क में रहे थे। उन्होंने देखा था कि उदारवादियों के जीवन में महत्त्वाकांक्षाओं का इतना स्थान है कि वे उनके लिए उदारता को त्याग सकते थे। यही उन्होंने भारत के क्रांतिकारियों में देखा और इस जज्बे की सराहना की। उन्होंने अनुदारता को अवगुण नहीं बताया, बल्कि विरोध का उबलता ढंग बताया। इसके साथ ही उन्होंने क्रांतिकारियों को सुझाव भी दिया कि गलत होते देखकर युवा रक्त न उबले इससे युवाशक्ति की अनुपलब्धता का संकेत मिलता है, लेकिन जब यह उबला रक्त रक्तपात पर आमादा हो, तो इसके अंदर से भारतीय संस्कृति के लोप का आभास होने लगता है।

दादाभाई ने सन् 1906 के कांग्रेस अधिवेशन में जिस तरह से दोनों दलों को संतुष्ट किया उससे उनकी असाधारण नेतृत्व-क्षमता का पता चलता है। सच तो यह है कि सन् 1857 के बाद से उनके जीवनपर्यंत तक भारत का राजनीतिक आंदोलन उनके इर्द-गिर्द ही घूमता रहा और उनके बाद जो कुछ हुआ, उसमें भी उनकी प्रेरणा और विचार समाहित रहे। वे इस स्वतंत्रता आंदोलन को भारतीयों द्वारा ही नहीं, बल्कि अंग्रेजों द्वारा भी स्वीकार कराने में सफल रहे।

दादाभाई ने भारत की दुर्दशा के मूल कारणों की खोज की और उन

कारणों का निवारण करने में जुटे रहे। आंदोलन में उनके सक्रिय हो जाने से ही गति आ गई थी, अन्यथा वर्ष 1857 के विद्रोह को दबाकर सरकार ने अपनी शक्ति का प्रदर्शन कर ही दिया था और आइंदा ऐसे आंदोलन का भी वैसा ही परिणाम होने की चेतावनी दी थी, लेकिन जो आंदोलन दादाभाई ने चलाया, उसका कोई तोड़ ब्रिटिश सरकार के पास कभी नहीं रहा।

दादाभाई नौरोजी ने एक और महत्त्वपूर्ण सिद्धांत का प्रतिपादन किया, जो देश की स्वतंत्रता में बहुत काम आया। उनका दृष्टिकोण सबसे अलग था और संभवत: यही कारण था कि वे पचास वर्षों तक अपने कार्य को सरलता से करते रहे। उनका मानना था कि शताब्दियों से विदेशी शासन से जूझते भारत में अनेक ऐसे विपरीत परिवर्तन हुए, जो भारतीय संस्कृति से मेल नहीं खाते थे। धार्मिक, आर्थिक, सामाजिक और राजनीतिक स्तर पर भारत में ऐसी ही कितनी विसंगतियाँ पैदा हो गई थीं, जो वर्तमान देश की दयनीय दशा के लिए जिम्मेदार थीं।

उनका यह प्रमुख विचार था कि देश की प्रमुख आवश्यकता राजनीतिक सुधार है और कांग्रेस को एकजुट होकर इस दिशा में कदम बढ़ाने चाहिए। उन्होंने यह भी कहा कि हममें से किसी को यह भ्रम नहीं पालना चाहिए कि हम ही देश या समाज के हितों की चिंता करते हैं, बल्कि सच तो यह है कि हमारे देश की मिट्टी ही ऐसी है, जिसमें देश और समाज की चिंता करनेवाले अनेक पैदा होते रहे हैं। हमें तो केवल अपना कार्य करना है, क्योंकि यही मानवोचित है।

□

अध्ययन और अनुभव

प्रश्न यह उठता है कि दादाभाई नौरोजी, जो कि ब्रिटिश सरकार को बहुत समय 'सुबह का भूला' समझते रहे थे और अपने अनेक प्रयासों से उसे 'शाम को घर वापस आने' की प्रतीक्षा कर रहे थे, अचानक क्रांतिवाद का भी समर्थन करने लगे थे और वे कंपनी सरकार की भाँति ब्रिटिश सरकार को भी कोसने लगे थे—क्यों? यह उनकी संघर्षयात्रा और उसकी उपलब्धियों से सहज ही पता चल जाता है। दादाभाई ने ब्रिटेन का इतिहास एवं साहित्य भलीभाँति पढ़ा था और अंग्रेजों के संपर्क में बहुत समय तक रहे भी थे। इस दौरान उनके हृदय में ब्रिटिश शासन की जो छवि बनी थी, वह न्यायप्रिय, सुशिक्षित और सुशासन की थी। इस संबंध में वे अकसर अपने अंग्रेज मित्रों से विचार-विमर्श भी करते थे। एलफिंस्टन कॉलेज में अध्यापन के समय प्रोफेसर आर्लेवर का सान्निध्य मिला, जो एक सज्जन अंग्रेज थे और भारतीय हितों के प्रति गंभीर भी थे। दादाभाई से बातें करना प्रोफेसर आर्लेवर को बहुत अच्छा लगता था और दादाभाई भी उनसे ब्रिटेन के बारे में जानने को उत्सुक रहते थे। यह संभवत: उनकी कार्य-पद्धति का ही भाग रहा कि वे कोई कार्य करने से पहले उसकी जानकारी ले लेते थे, क्योंकि वे इंग्लैंड जाने की इच्छा पाले हुए थे तो उसकी तैयारी के लिए वे इंग्लैंड के बारे में अधिकाधिक जान लेना चाहते थे।

"सर! पढ़ने से तो ऐसा लगता है, जैसे ब्रिटेन की संस्कृति मानवीय मूल्यों पर आधारित है और वहाँ की सामाजिक व्यवस्था बहुत अच्छी है।"

दादाभाई ने प्रश्न किया, ''लेकिन भारत में ब्रिटिश शासन देखकर शंका होती है।''

''दादाभाई!'' प्रोफेसर आर्लेवर ने जवाब दिया, ''वास्तव में क्या है कि जो तुमने पढ़ा है, वह बिलकुल सच है। यह भी सच है कि ब्रिटिश शासन 'वर्ल्ड और कंट्रीज' के मुकाबले अधिक मजबूत और पारदर्शी है और यही वजह है कि आज ब्रिटेन विश्व की राजनीति में नंबर एक है। ब्रिटेन में न्याय-व्यवस्था भी बड़ी मजबूत है और वहाँ का साधारण नागरिक भी निर्भय और स्वच्छंद जीवन व्यतीत करता है। सरकार ने नागरिक सुविधाओं का पूरा खयाल रखा है और उनके अधिकारों की रक्षा के लिए ठोस कानून बनाए हैं। कभी जाकर देखोगे तो पाओगे कि भारतीयों के प्रति ब्रिटेन के लोगों के मन में कितना सम्मान है।''

''परंतु यहाँ अंग्रेजों के व्यवहार से तो ऐसा नहीं लगता कि वे लोग भारतीयों के प्रति सम्मान रखते हैं?'' दादाभाई ने अविश्वास से कहा।

''इसके लिए तुम्हें अंग्रेजी सभ्यता का अध्ययन करना चाहिए। वास्तव में अंग्रेज समाज शिक्षित समाज है और उसमें आडंबरों और पाखंडों के लिए कोई स्थान नहीं है। अंग्रेज समाज इस प्रकार के क्रियाकलापों से अप्रसन्न रहता है तथा ऐसे लोगों को हेय दृष्टि से देखता है, जो अपने जीवन की सार्थकता को भूलकर शिक्षा के महत्त्व की बात को नकारकर पाखंडों में विश्वास करते हैं। क्या तुम्हें आज तक कोई ऐसा अंग्रेज मिला, जिसने तुम्हारा सम्मान न किया हो? ऐसा इसलिए, क्योंकि तुम शिक्षित और आडंबरहीन हो।''

दादाभाई को तर्क में वजन लगा। उन्हें लगा कि भारतीयों के प्रति अंग्रेजों की यह घृणा इसी कारण है।

''लेकिन श्रीमान्! शासन-प्रणाली में इतनी असमानता क्यों?''

''इसका भी कारण है माई डियर!'' प्रोफेसर आर्लेवर ने बताया, ''वास्तव में भारत में कंपनी सरकार का शासन है, जो अनुबंध पर आधारित है। यह एक प्रकार से व्यापारिक शासन है। यद्यपि इसकी शासन-प्रणाली में वही सब कानून-नियम लागू होंगे, जो ब्रिटिश सरकार के हैं, लेकिन व्यापारिक

शासन में ऐसी पारदर्शिता संभव ही नहीं है। उस पर भी समस्या है कि लिखित नियमों पर आधारित कोई भी जुबानी शिकायत पर ध्यान नहीं देती और कंपनी सरकार अपनी कागजी कारवाई को चाक-चौबंद ही रखती है।''

''इसका अर्थ तो यह हुआ कि ब्रिटिश शासन को भारत में कंपनी सरकार के इस अन्यायी शासन के बारे में पता नहीं है।''

''हाँ, कुछ हद तक तो यही बात है। अशिक्षित भारतीय सुविधाओं का रोना रोते हैं, लेकिन यह सिद्ध नहीं कर सकते कि उन्हें यह सुविधा नहीं मिली और इसी का लाभ कंपनी सरकार उठाती है। वह लेखे-जोखे में यह दर्ज किए रहती है कि उसने भारतीय नागरिकों को सभी प्रकार की सुविधाएँ उपलब्ध कराई हैं। वास्तव में ब्रिटिश सरकार को कागजों पर तब तक तो भरोसा करना ही पड़ता है, जब तक उसके खोखले होने का प्रमाण नहीं मिलता और यह सब अशिक्षा का ही परिणाम है।''

''आप जैसे सज्जन जब इस बारे में जानते हैं और भारतीयों के लिए आपके मन में सहानुभूति भी है तो फिर आप ही सरकार को कुछ क्यों नहीं बताते? ब्रिटिश सरकार को शायद हमारा विश्वास न हो, लेकिन आपका तो अवश्य ही होगा। आखिर आप उसके प्रतिष्ठित नागरिक हैं।''

''माई डियर! शिकायत तो मैं या तुम कोई भी कर सकता है, सभी को ऐसे अधिकार मिले हैं, लेकिन उन शिकायतों को सिद्ध कैसे किया जाए। सिद्ध न होने पर शिकायतकर्ता को ही मुसीबत का सामना करना पड़ता है। यह भी ब्रिटिश कानून का एक नियम है।''

''ओह! इसका अर्थ यह है कि यदि किसी प्रकार लंदन सरकार के सामने भारत सरकार की खामियों को साबित कर दिया जाए तो फिर सुधार की संभावना बन सकती है।''

''अवश्य! इसे ठीक इसी प्रकार समझो कि जैसे किसी छात्र की शिकायत अध्यापक से करना।''

इस प्रकार दादाभाई को अपने अंग्रेज मित्रों और अन्य स्रोतों से यही सुनने को मिलता रहा कि भारत में ब्रिटिश शासन होने से यहाँ का भविष्य

उज्ज्वल है। वैसे भी उस समय भारत में नेतृत्वहीनता और अशिक्षा के कारण बहुत सी आंतरिक अशांतियाँ व्याप्त थीं। कमजोर और लगभग पतन की ओर बढ़ता मुगल साम्राज्य, देशी राजा-महाराजाओं की बढ़ती विलासिता, आपसी फूट, ठगी-प्रथा और पिंडारियों के आतंक से सारा देश घोर अस्थिरता के माहौल में जी रहा था। पिंडारी लोग वास्तव में ऐसे लुटेरे थे, जो व्यापारियों के काफिलों को लूट लेते थे। उनकी अपराध शैली ऐसी थी कि उन पर अंकुश लगा पाना सरल कार्य नहीं था। ये लोग पहले तो इक्का-दुक्का व्यापारियों के काफिले में शामिल होते और फिर उनका विश्वास जीतकर उनके भोजन में विष मिला देते। इसके पश्चात् लूटपाट करते। ऐसे में कंपनी सरकार ने ही बड़ी सख्ती से पिंडारियों का दमन किया। अंतिम समय में पिंडारियों के नेता वासिल मुहम्मद, चीतू और करीख खाँ थे, जिन्हें कंपनी सरकार द्वारा कड़ी सजा मिली।

कंपनी सरकार ने सुरक्षा उपायों में ग्रामीण स्तर तक पुलिस की व्यवस्था की थी, जिससे साधारणत: चोरी और डकैती जैसी घटनाओं में कमी आई थी। इस तरह जनसाधारण में ब्रिटिश शासन के इन कार्यों से जो सुरक्षा का माहौल बना था, उससे लोगों का यही मानना था कि ब्रिटिश शासन न्यायप्रिय और कानून पर आधारित था। इससे स्पष्ट होता कि ब्रिटिश सरकार ने इस तरह की अस्थिरता को रोकने के लिए व्यापक कदम उठाए थे, लेकिन वास्तव में इनके पीछे मुख्य कारणों में एक कारण यह भी था कि स्वयं अंग्रेजों को सुरक्षा की आवश्यकता थी, जिससे वे निर्विघ्न अपने शासन को बरकरार रख पाते, क्योंकि ऐसी लूटमार आदि का शिकार होनेवाले अधिकांश व्यापारी वर्ग से सरकार को ही लाभ होता था। अत: सरकार इन लोगों को सुरक्षित करके अपने लाभ को सुरक्षित करती थी, जिसका कुछ लाभ जनसाधारण को भी मिलता था। सरकार ने भारतीय लोगों के उन व्यसनों और अपराधों पर शिकंजा कसा, जिनमें धन की अपव्ययता अकारण ही होती थी।

यही वे सब बातें थीं, जिनसे दादाभाई या उनके समकालीन भारतीय हितचिंतकों का विश्वास ब्रिटिश व्यवस्था में था। दादाभाई ने यही सोचकर

अपने आगे का लक्ष्य तय किया कि भारत का व्यापारिक शासन अपने लाभ के लिए ब्रिटिश शासन की नियमावली के विरुद्ध कार्य कर रहा था और साक्ष्यों एवं शिकायतों के अभाव में उसका यह शोषण निष्कंटक चल रहा था। उन्होंने यही बीड़ा उठाया कि वे कंपनी सरकार की कारगुजारियों को साक्ष्यों सहित ब्रिटिश जनता और वास्तविक सरकार को अवश्य बताएँगे।

सन् 1855 में दादाभाई इसी ध्येय के साथ लंदन गए और स्वयं अपनी आँखों से ब्रिटिश समाज की भव्यता देखी। ब्रिटिश समाज में उन्हें सम्मान मिलने लगा तो उनकी यह धारणा और भी प्रबल हो गई कि ब्रिटिश समाज के लोग किसी भी व्यक्ति का, चाहे वह अधीन देश का ही हो, का सम्मान करते थे।

वर्ष 1857 के विद्रोह के बाद ब्रिटिश सरकार ने भारत का शासन कंपनी सरकार से सीधे अपने नियंत्रण में ले लिया तो दादाभाई को आशा बँधी कि अब भारत में सुधारों की संभावना को बल मिलेगा, लेकिन एक दशक तक भी ऐसा कोई सुधार नहीं हुआ, जिससे भारत का हित हो पाता। जो भी सुधार हुए, वे सब ब्रिटिश शासन की मजबूती के लिए ही हुए। इसके बावजूद दादाभाई का विश्वास सरकार पर कायम था।

दादाभाई ने भारत की आर्थिक और सामाजिक दशा की वास्तविक स्थिति को सरकार के सामने लाने के लिए तथ्य और साक्ष्य जुटाए। यह कहना अप्रासंगिक न होगा कि उनके द्वारा ईस्ट इंडिया एसोसिएशन की स्थापना से और उसमें अंग्रेजों की सहयोगात्मक बातों से उन्हें सरकार पर और अधिक भरोसा हो गया था। जब वे चुनाव जीतकर ब्रिटिश संसद् के सदस्य बने तो उन्होंने भारत के आय-व्यय का लेखा-जोखा एकत्र करके सरकार के सामने भारतीय आवश्यकताओं को रखा।

संभवत: उस समय से उन्हें ब्रिटिश सरकार की नीयत पर शक हुआ। साक्ष्यों और तथ्यों के साथ की गई शिकायत पर भी ब्रिटिश सरकार ने कोई सकारात्मक कदम नहीं उठाया तो दादाभाई को लगा कि शासकीय प्रवृत्ति में शोषण की भावना व्याप्त है। उनका यह शक दिन-प्रतिदिन बढ़ता ही गया

और उसी अनुपात में उनके विचारों में ब्रिटिश सरकार के विरुद्ध आक्रामकता आती गई। शायद यह उनके चालीस वर्षों का अनुभव था, जिसने उनके उदार हृदय में भी गरमाहट ला दी थी।

इस विश्वासभंजक सरकार के प्रति दादाभाई का रोष उनकी पुस्तक 'पावर्टी एंड अनब्रिटिश रूल इन इंडिया' में स्पष्ट दिखाई दिया, जिसमें उन्होंने ब्रिटिश सरकार की शोषण-नीति की जमकर आलोचना की। बाद में उन्होंने अपने भाषणों और विचारों से स्पष्ट भी कर दिया कि अब वे ब्रिटिश शासन के प्रति उदार नहीं रहे। उन्होंने यह भी स्पष्ट कर दिया कि जब तक शासन में भारतीयों की भागीदारी नहीं होगी, तब तक अधिकारों की प्राप्ति एक दिवास्वप्न ही है। वे राजनैतिक भागीदारी को परम आवश्यक कहने लगे थे, लेकिन तभी कांग्रेस में पैदा हुई अंदरूनी कलह ने इस दिशा में नकारात्मक संदेश दिया। दादाभाई ने स्थिति को भाँपा तो उदार और अनुदार दल के मतभेद सामने आए।

सन् 1906 में दादाभाई ने कांग्रेस अधिवेशन की अध्यक्षता की। इस अधिवेशन में उन्होंने उदार दल के नेताओं से स्पष्ट किया कि अब ब्रिटिश सरकार के कपोलकल्पित न्याय पर विश्वास करते रहने का कोई औचित्य नहीं रह गया है और उन्होंने पचास वर्ष के कड़वे अनुभव से यह जान लिया है कि औपनिवेशिक सरकार अपने अधीन देश से केवल आर्थिक लाभ उठाने को प्रतिबद्ध है और उसे भारत में सुधारों से कोई मतलब नहीं है। वह केवल इतना ही सुधार करती है, जिससे उसे लाभ मिलता रहे। साथ ही दादाभाई ने गरम दल के लोगों की लगन, ईमानदारी और कार्यों की प्रशंसा करके यह स्पष्ट किया कि अब पुरानी विचारधारा से निकलकर याचनापूर्ण माँग नहीं, बल्कि बलपूर्वक अधिकारों की प्राप्ति ही श्रेयष्कर है। उन्होंने अपने भाषण में ब्रिटिश सरकार की कटु आलोचना ही नहीं की, बल्कि अंत में 'स्वराज्य' की बात कहकर सबको चौंका दिया।

वास्तव में दादाभाई ने अपने पचास वर्ष के अनुभव के बाद यही सोचा कि अब ब्रिटिश शासन पर विश्वास करना निरी मूर्खता होगी। वे नहीं चाहते

थे कि भारत के आंदोलन के नेता अब ऐसा करें। वे यह भी नहीं चाहते थे कि ब्रिटिश न्यायप्रियता की लिखी-पढ़ी बातों पर विश्वास करके कोई दस-बीस वर्ष आशाओं के सहारे ही गुजारे। उन्होंने अपने इन्हीं सब कटु अनुभवों से सीख लेकर भारत के भावी नेताओं को संकेत किया कि अनुभव तो वे कर ही चुके हैं और अब भावी नेता उससे सीख लेकर आगे बढ़ें।

दादाभाई के इस संकेत को भले किसी ने न समझा हो, लेकिन गांधीजी ने अवश्य समझा और उसी के अनुरूप उन्होंने आंदोलन की रूपरेखा तैयार की। यही कारण था कि सन् 1920 में असहयोग आंदोलन के प्रस्ताव में गांधीजी ने स्पष्ट कहा कि ब्रिटिश सरकार शैतान है, जिसके साथ सहयोग संभव नहीं।

स्पष्ट है कि गांधीजी ने दादाभाई के कटु अनुभवों से सबक लिया था, जो उन्होंने पदार्पण के तत्काल बाद ही ऐसी बात कही।

□

अस्वस्थता-काल में कार्य-निरूपण

दादाभाई नौरोजी कांग्रेस में उत्पन्न हुए मतभेदों से बहुत दुखी थे। अब तक उनके कार्यों और अनुभवों से भारत की उन्नति का मार्ग अवश्य ही प्रशस्त हो गया था, लेकिन कांग्रेस में हुआ यह घटनाक्रम उन्हें विचलित कर रहा था। जब वे सन् 1906 के अधिवेशन से लौटकर फरवरी 1907 में लंदन पहुँचे तो उनके मन में तनाव तो था ही, साथ ही उनका स्वास्थ्य भी खराब हो रहा था। इस समय उनकी आयु 81 वर्ष थी और निरंतर यात्राओं एवं श्रम की दृष्टि से यह आयु मायने रखती थी। लंदन तक उन्होंने जलमार्ग से यात्रा की और इसका परिणाम यह हुआ कि उन्हें ब्रॉन्काइटिस (खाँसी) का रोग हो गया। आयु के हिसाब से यह रोग गंभीर ही समझा जाता है। दादाभाई ने उपचार भी कराया, लेकिन स्वास्थ्य में कोई सुधार नहीं हुआ। दो माह के उपचार के पश्चात् उन्हें केवल आंशिक लाभ ही हुआ।

"दादाभाई!" डॉक्टर ने सलाह दी, "आयु के अनुसार अब स्वास्थ्य में ऐसी गिरावट होना स्वाभाविक ही है। अत: ऐसे समय में आपको अपने परिवार के साथ होना चाहिए। कार्य करने की शरीर की एक सीमा होती है और इस सीमा से अधिक कार्य करने का प्रयास करना भी उचित नहीं है। आपने अपने जीवन में अत्यधिक मानसिक एवं शारीरिक श्रम किया है और अब आपको विश्राम की आवश्यकता है। अत: मेरी सलाह मानिए और अब आप भारत चले जाइए।"

दादाभाई ने लंबी साँस ली। वे कैसे उन डॉक्टर को समझाते कि वे उन

भारतीयों में से हैं, जिन्हें जीवनपर्यंत श्रम करना होता है, क्योंकि उन्हें अपनी नहीं, बल्कि अपने देश की चिंता अधिक होती है। यही नहीं, देशवासियों को उनसे बहुत आशाएँ रहती हैं।

''डॉक्टर! यह मामूली खाँसी ही तो है।'' दादाभाई ने हँसकर कहा, ''यह तो आम बीमारी है, जो जलवायु-परिवर्तन से हो जाती है। इसका अर्थ यह तो नहीं कि व्यक्ति को निष्क्रिय हो जाना चाहिए। रही आयु की बात तो इंग्लैंड में यह आयु घोर वृद्धावस्था समझी जाती है, लेकिन हमारे देश में इस आयु में भी किसान खेतों में हल चलाते हैं।''

''इसीलिए हम आपको भारत जाने की सलाह दे रहे हैं। हो सकता है कि वहाँ जाकर आप पूरी तरह स्वस्थ हो जाएँ।''

''भई! अभी तो मुझे और भी कई महत्त्वपूर्ण कार्य करने हैं।''

''मैं आपको इसकी सलाह नहीं दूँगा। अब जितना आराम करेंगे, आपके लिए उतना ही ठीक होगा।''

दादाभाई भी इंग्लैंड से ऊब चुके थे और उन्हें आशा भी नहीं थी कि ब्रिटिश सत्ता में बैठे अनुदार दल के लोग भारतीय हित में कुछ कार्य करेंगे। यह दल तो पूर्व में भी विरोध ही करता रहा था और साम्राज्यवादी नीति के कारण अधीनस्थ देशों में व्यय के पक्ष में नहीं था। दूसरे, भारत में चल रहे आंदोलन की गति धीमी हो चली थी तथा कांग्रेस मतभेदों का शिकार हो गई थी। ऐसे हालात में दादाभाई कुछ विशेष करने की ठानकर भारत लौट आए।

12 अक्तूबर, 1907 को दादाभाई भारत लौट आए, जहाँ सदैव की भाँति उनका भव्य स्वागत किया गया। उनके अस्वस्थ होने की सूचना भारत में पहले ही पहुँच गई थी। अत: वे जब बंबई पहुँचे तो हजारों की संख्या में लोग उन्हें देखने के लिए पहुँचे। बंबई के गवर्नर ने उनके शीघ्र स्वस्थ होने व दीर्घायु होने की कामना की। उनके समकालीन मित्रों ने भी उन्हें शुभकामनाएँ दीं। लोगों ने जय-जयकार की और उनके स्वस्थ व लंबे जीवन की कामना की।

दादाभाई ने वर्सोवा स्थित अपने पुराने घर में रहना आरंभ कर दिया। अस्वस्थता के कारण उन्होंने सभी कार्यों से फिलहाल अपने आपको दूर रखा

था, पर उनसे मिलने प्रतिदिन लोगों का आना-जाना लगा ही रहता था। इस तरह उन्हें भारत में चल रही गतिविधियों की जानकारी मिलती रहती थी। दादाभाई की महानता का इससे बड़ा प्रमाण और क्या होगा कि उन्होंने देशहित में अपने परिवार की भी चिंता नहीं की। उनकी माता तो उन्हें पढ़ा-लिखाकर किसी उच्च पद पर देखने की अभिलाषी थीं और वे इसी इच्छा को लेकर स्वर्ग सिधार गई थीं। यद्यपि दादाभाई ने अपनी माता का स्वप्न पूरा किया और अब वे ऐसे उच्च सम्मान को प्राप्त कर चुके थे, जिसकी लोगों को तीव्र अभिलाषा होती है।

दादाभाई ने अपने परिवार का नाम देश भर में ही नहीं, बल्कि पूरी दुनिया में रोशन कर दिया था। यहाँ उनकी आदर्श पत्नी गुलबाई की प्रशंसा भी करनी होगी, जिन्होंने सच्ची भारतीय नारी के आदर्शों की रक्षा करते हुए कभी भी अपने पति से किसी भी प्रकार की शिकायत नहीं की। जिस स्त्री-सुलभ सुख की कामना प्रत्येक स्त्री को रहती है, गुलबाई ने उसे अधिक तो नहीं पाया, लेकिन कभी इस संबंध में अपने पति से शिकायत भी नहीं की। यह एक प्रकार से राष्ट्रहित में उस महान् भारतीय नारी का योगदान ही था, तभी तो दादाभाई पारिवारिक चिंताओं से मुक्त होकर देशहित में निरंतर जुटे रहे।

दादाभाई ने अपनी अस्वस्थता के समय कुछ दिन तो पूर्ण विश्राम ही किया, लेकिन उनके अंदर का श्रमशील देशभक्त इस स्थिति से प्रसन्न नहीं था। वे जरा सा स्वास्थ्य लाभ मिलते ही अपनी कलम उठाकर श्रम-साधना में जुट जाते। वे प्रतिदिन दर्जनों पत्र लिखते और अपने मित्रों व आंदोलन के नेताओं से जुड़े रहते। अस्वस्थता में ऐसा बारीक श्रम और भी अधिक कष्ट देता है, तो इस कारण दादाभाई की आँखों की रोशनी कम होती गई। फिर भी उन्होंने कार्य करना बंद नहीं किया। अब उन्होंने अपने इस कार्य के लिए औरों की सहायता लेना आरंभ कर दिया। ऐसे लोगों की कमी भी क्या थी, जो उन महान् देशभक्त की सेवा करने में अपने को धन्य न समझते! उनके पत्र लिखने और पढ़नेवाले उनके पास आने लगे। इससे उन्हें भी यह लाभ हुआ कि वे देश की वर्तमान परिस्थितियों से अवगत रहते।

यद्यपि अब दादाभाई स्वास्थ्य कारणों से सक्रिय नहीं थे, लेकिन यह भी क्या कम था कि मानसिक रूप से आंदोलन की गतिविधियों से जुड़े रहे थे और महत्त्वपूर्ण विषयों पर लेख व सुझाव देते रहते थे। सन् 1908 के बाद उन्होंने सक्रिय राजनीति में भाग नहीं लिया, क्योंकि स्वास्थ्य ने उन्हें ऐसा करने ही नहीं दिया। फिर भी वे निर्लिप्त नहीं रहे और इस समय भी वे प्रत्येक राजनीतिक घटना और कार्य पर सुझाव तथा विचार-विमर्श करते रहते।

वर्ष 1908 में जो प्रमुख घटनाएँ घटीं, उन्होंने दादाभाई को आशा और निराशा के मिश्रित अनुभव कराए। इसी वर्ष योगीराज अरविंद घोष को सरकार ने एक राजनैतिक डकैती के आरोप में गिरफ्तार कर जेल भेज दिया था। अरविंद घोष भारतीय स्वतंत्रता आंदोलन के ऐसे स्तंभ थे, जिन्होंने देश की सेवा में अपना जीवन ही समर्पित कर दिया था। वे ऐसे भारतीय रहे, जिन्होंने सुरेंद्रनाथ बनर्जी के बाद इंग्लैंड में आयोजित भारतीय नागरिक सेवा की परीक्षा उत्तीर्ण की थी और ब्रिटिश अनीति के कारण नौकरी नहीं पा सके थे। इस प्रकार भारतीय स्वतंत्रता आंदोलन में उच्च शिक्षित असंतुष्ट भारतीयों का आगमन हुआ।

इसी वर्ष गरम दल के महान् नेता बाल गंगाधर तिलक को गिरफ्तार कर छह वर्ष की सजा सुना दी गई थी। तिलक उन महान् लोगों में से थे, जो देशप्रेम के आरोप में सर्वाधिक बार जेल गए। क्रांतिकारी आंदोलन के मुखिया तिलक की गिरफ्तारी और सजा ने युवा-क्रांति को और भड़का दिया था। इससे जगह-जगह पर हिंसक गतिविधियाँ होने लगीं। सरकार ने बड़ी क्रूरता से इसका दमन किया और निर्दयतापूर्वक क्रांतिकारियों के साथ निर्दोष प्रजा भी इस दमनचक्र में पिसने लगी। सरकार पूरी तरह से पाशविक व्यवहार पर उतर आई थी। अत: क्रांतिकारी भी क्रांति के रंग में रँगकर अपने कार्यों को अंजाम देने में जुट गए थे।

सरकारी दमनचक्र और क्रांतिकारी गतिविधियों के बीच कांग्रेस का चौबीसवाँ अधिवेशन मद्रास में संपन्न हुआ। इस अधिवेशन के बारे में दादाभाई को जानकारी मिली कि इसमें गरम दल का कोई भी सदस्य सम्मिलित नहीं

हुआ और न ही इसमें कोई विशेष प्रस्ताव ही पारित हुआ। दादाभाई को इस घटना से बहुत दुःख हुआ। उन्हें राष्ट्रीय आंदोलन की ऐसी हालत देखने की आशा नहीं थी और कांग्रेस से तो उन्हें बिलकुल भी ऐसी आशा नहीं थी। इससे अच्छा तो उन युवा क्रांतिकारियों का आंदोलन था, जो अपनी जान हथेली पर रखकर विदेशी शासन को भयभीत करने का प्रयास कर रहे थे। बेशक दादाभाई को क्रांतिकारियों की हिंसक गतिविधियों से ऐतराज था, लेकिन उनके देशप्रेम के सामने वे भी मन-ही-मन मुसकरा उठते थे। देश में युवा चेतना भी राजनीतिक चेतना का प्रथम चरण था।

इसी बीच सन् 1908 में ब्रिटिश सरकार ने भारत में कुछ सुधार करने की घोषणा की तो दादाभाई को लगा कि देर से ही सही, लेकिन ब्रिटिश सरकार को समझ आ ही गई। दादाभाई को सुधारों की कुछ आशा बँधी। सरकार की इस घोषणा पर क्रांतिकारियों ने टिप्पणी की कि सरकार ने कुछ सुधारों की जो घोषणा की है, वह क्रांतिकारी आंदोलन के भय से ही की है और यदि इस आंदोलन को और भी उग्र कर दिया जाए तो ब्रिटिश सरकार घबराकर भारत को छोड़ने पर विवश हो जाएगी। दादाभाई को इस धारणा के चलते जनसाधारण में गलत प्रभाव पड़ने की आशंका हुई। वे नहीं चाहते थे कि आजादी के दीवानों के इस प्रचार से देश में हिंसात्मक प्रवृत्ति भड़क उठे। उन्होंने इस धारणा के प्रभाव को रोकने के लिए क्रांतिकारियों से एक अपील की कि ऐसे समय में, जबकि ब्रिटिश सरकार का रवैया सुधारवादी हो रहा है तो वे कोई भी ऐसी टिप्पणी या कार्य न करें, जिससे इन सुधारों पर कोई प्रतिकूल प्रभाव पड़े। विशेषकर वे हिंसक कारवाई से बचें और सच्चे भारतीयों की भाँति सुधारों का स्वागत करें।

यहाँ ब्रिटिश सरकार द्वारा घोषित सुधार-योजना के बारे में भी कुछ लिखना आवश्यक होगा। ये सुधार ब्रिटिश सरकार ने किस दबाव के कारण से किए जाने की घोषणा की, यह मुख्य विषय नहीं है। तथ्यों को देखा जाए तो सरकार द्वारा यह घोषणा दादाभाई नौरोजी के इंग्लैंड में किए गए अथक और अनवरत प्रयासों का परिणाम प्रतीत होता था, क्योंकि ब्रिटिश सरकार

क्रांतिकारियों से भयभीत हो गई थी, यह संभव नहीं था। सरकार के पास शक्ति थी और क्रांतिकारी आंदोलन अभी बहुत उग्र नहीं हुआ था। दूसरे, कांग्रेस तो स्वयं से जूझ रही थी। अतः स्पष्ट प्रतीत होता है कि सरकार ने ये सुधार दादाभाई के प्रयासों और अपनी छवि को सुधारने के लिए ही घोषित किए थे।

अन्य तथ्यों की ओर भी देखा जाए तो ब्रिटिश सरकार पर लिबरल पार्टी का भी दबाव था और ईस्ट इंडिया एसोसिएशन का विरोध भी कम नहीं था। इसके अलावा अंग्रेज जनता ने भारत की स्थिति को जानकर अपनी सरकार के प्रति रोष और भारत के प्रति सहानुभूति भरे प्रदर्शन भी किए थे। इसके अलावा ब्रिटिश सरकार को कुछ भय विश्व-क्रांतियों से भी था। सन् 1871 में इटली के एकीकरण और जर्मनी के एकीकरण के साथ रूस में चली क्रांति का भी विश्व भर में प्रचार हो रहा था। ब्रिटिश सरकार ऐसे घटनाक्रमों से भारतीय आंदोलनों को प्रेरित होने से पहले ही वहाँ सुधार करके हालात पर कुछ काबू पाने की इच्छुक थी। इस प्रकार कई कारणों को मिलाकर यह स्पष्ट हो जाता है कि ब्रिटिश शासन भी बदलते युग से चिंतित था और वह यह एहसास कर चुका था कि वह अब नितांत कुशासन से भारत पर अपना आधिपत्य कायम नहीं रख सकेगा।

अतः ब्रिटिश सरकार ने अपनी संसद् के उदार और अनुदार दल के सदस्यों को आदेश देकर भारत में शासकीय सुधारों के लिए एक दो सदस्यीय समिति गठित की। इस समिति में उदार दल के मिस्टर मार्ले और अनुदार दल के मिंटो थे। इसे मिंटों-मार्ले सुधार समिति का नाम दिया गया और बाद में यही इंडियन कौंसिल एक्ट 1909 का कानून बना दिया गया। इन सुधारों में निम्न प्रस्तावों को सम्मिलित किया गया—

- पहली बार मुसलिम समुदाय के लिए अलग प्रतिनिधित्व का उपबंध हुआ।
- भारत-सचिव और गवर्नर जनरल की कार्यकारिणी परिषदों में भारतीयों की नियुक्ति किए जाने का प्रस्ताव हुआ।

- केंद्रीय और विधान परिषदों को पहली बार बजट पर वाद-विवाद करने तथा सार्वजनिक हितों पर प्रस्ताव करने के साथ पूरक प्रश्न पूछने और मत देने का अधिकार प्रदान किया गया।
- प्रांतीय विधान परिषदों की संख्या बढ़ाई गई।

दादाभाई नौरोजी ने इन सुधार-प्रस्तावों का स्वागत किया और कुछ सुझावों के साथ वाइसराय लॉर्ड मिंटो द्वितीय व अनेक अंग्रेज अधिकारियों को 80 पृष्ठों का एक पत्र लिखा और आशा व्यक्त की कि शासन इन सुधारों के बाद भी भारत में सुधार-प्रक्रिया को अनवरत जारी रखकर अपने आदर्शों का पालन करेगी। साथ ही उन्होंने उन विषयों के बारे में भी लिखा, जिन पर सुधार होने की अधिक आवश्यकता थी। उस समय 84 वर्षीय दादाभाई का देशप्रेम और समर्पण देखते ही बनता था। जैसे ही उन्हें शासन में सुधार की आशा दिखी, वे उसी प्रकार सक्रिय हो गए कि जैसे अभी युवा हों। उनका उत्साह इस अस्वस्थता में भी कम नहीं हुआ था। उनके मित्र और शिष्य उनके प्रति श्रद्धा से भर उठते थे और उनसे प्रेरणा पाते थे।

इन सुधारों से क्रांतिकारियों ने भी प्रेरणा ली और उनकी गतिविधियाँ भी बढ़ गईं। 1 जुलाई, 1909 में मदनलाल धींगरा ने विलियम कर्जन वायली को गोली मार दी और उसकी हत्या के इल्जाम में 16 अगस्त, 1909 को वे मृत्युदंड की सजा पाकर देश के लिए कुरबान हो गए। सरकारी दमन बढ़ा तो दिसंबर 1909 में ही अनंत कन्हेरे नाम के एक युवा क्रांतिकारी ने सर जैक्सन को गोली मार दी। इससे ब्रिटिश सरकार ने और भी दमनकारी काररवाई शुरू कर दी। दादाभाई को इस तरह की घटनाएँ भारत के सुधारों में बाधक लग रही थीं। अतः उन्होंने अपील करके क्रांतिकारियों को यह सब बंद करने की अपील की, लेकिन अब क्रांतिकारी किसी की बात सुनने के लिए तैयार नहीं थे।

सन् 1911 में ब्रिटिश सम्राट् जॉर्ज पंचम भारत दौरे पर आए और उन्होंने भारत में सुख-शांति और उन्नति की इच्छा प्रकट करते हुए भारतीयों से भी विशेषकर क्रांतिदलों से धैर्य और शांति बनाए रखने की अपील की। इस अवसर पर जॉर्ज पंचम का मैडम मेरी के साथ दिल्ली में भव्य स्वागत भी

किया गया और इस दौरान सम्राट् ने निम्न घोषणाएँ कीं—

- बंगाल-विभाजन को रद्द किया जाए।
- बंगाली भाषी क्षेत्रों को मिलाकर अलग प्रांत बने।
- बिहार और उड़ीसा को मिलाकर एक नया राज्य बनाया जाए।
- देश की राजधानी को कोलकाता से दिल्ली स्थानांतरित किया जाए।

दादाभाई ने इन घोषणाओं का भी स्वागत किया। अब सुधारों को लेकर उनकी आशा और प्रबल हो उठी थी। संभवत: ब्रिटिश शासन 'सुबह का भूला शाम को घर लौटा' जैसा हो रहा था। उन्होंने एक लेख के द्वारा जॉर्ज पंचम को यह भी कहा कि सम्राट् हिंदुस्तान के प्रति जो विचार प्रकट कर रहे हैं और उसकी सुख-शांति की जो कामना कर रहे हैं, वह तभी संभव है, जब भारतीयों को पूर्ण स्वराज्य दिया जाए और यहाँ का शासन भारतीयों को सौंप दिया जाए। दादभाई का सम्राट् से इस प्रकार माँग करना स्पष्ट करता है कि वे अब ब्रिटिश शासन के अंतर्गत सुधारों के अभिलाषी नहीं रहे, बल्कि अब पूर्ण स्वतंत्रता का लक्ष्य ही उन्होंने सोचा था। यह एक प्रकार से नरम हृदय में गरम विचारों का समावेश था। यह इंगित करता था कि दादाभाई भी समय के अनुसार नई सोच का सृजन कर सकने में सक्षम थे।

सन् 1912 में क्रांतिकारियों ने सरकार की दमनकारी काररवाई के विरोध में दिल्ली में वाइसराय लॉर्ड हार्डिंग और उनकी पत्नी पर बम फेंका। इस घटना की कांग्रेस ने घोर निंदा की। दादाभाई ने भी इस प्रकार की घटनाओं को भारत-इंग्लैंड के लिए अहितकर बताया और घोर निराशा व्यक्त की कि ऐसे सुधारों के समय यह हिंसापूर्ण कार्य पूरी तरह अनुचित है।

सरकार ने इस बमकांड के आरोप में 13 क्रांतिकारियों को गिरफ्तार किया और इनमें से 4 को फाँसी दे दी गई, जबकि इस बमकांड के प्रमुख और बम फेंकनेवाले रासबिहारी बोस भूमिगत हो गए थे। सरकार ने उन्हें गिरफ्तार करने में बहुत दमनचक्र चलाया, लेकिन उसे कोई सफलता नहीं मिली।

इस बमकांड से लग रहा था कि सरकार रुष्ट होकर कट्टर रुख दिखाएगी, जिसकी आशंका दादाभाई को अधिक थी। इस बार सरकार ने

क्रांतिकारियों को हाशिये पर डाला और भारतीय जनमानस का ध्यान रखते हुए भारत में सरकारी नौकरियों के संबंध में एक कमीशन नियुक्त किया। यह वह घोषणा थी, जिसे लेकर दादाभाई ने बार-बार ब्रिटिश सरकार को कहा था कि वह सिविल सर्विस की परीक्षाएँ लंदन के साथ-साथ बंबई, कोलकाता और मद्रास में भी आयोजित कराए। देर से ही सही, लेकिन ब्रिटिश शासन ने इस विषय पर सकारात्मक कदम उठाया तो दादाभाई को अतीव प्रसन्नता हुई। उन्होंने सरकार को धन्यवाद देते हुए कहा—

''मैं ईश्वर से प्रार्थना करता हूँ कि यह कमीशन हमारे देश को वह इंसाफ दे, जिसके लिए बहुत लंबे समय से प्रयास किए जाते रहे हैं। साथ ही मैं इस कमीशन के सदस्यों को इस संबंध में पर्याप्त जानकारी देने के लिए तैयार हूँ।''

बाद में दादाभाई ने इस कमीशन को तथ्यों, आँकड़ों और साक्ष्यों के साथ सिविल सर्विस की परीक्षा के संबंध में काफी जानकारी दी।

सन् 1913 में क्रांतिकारी आंदोलन संगठित होने लगे थे। गदर पार्टी का गठन इसी वर्ष हुआ। दादाभाई इनसे चिंतित भी थे और कुछ कारणों से इनकी आवश्यकता पर जोर भी देते थे।

अगले वर्ष 28 जुलाई, 1914 को विश्वयुद्ध छिड़ गया, जिसमें इंग्लैंड भी शामिल था। इंग्लैंड मित्र राष्ट्रों का इस विश्वयुद्ध में नेतृत्व कर रहा था। दादाभाई ने ऐसे समय में भारतीयों से ब्रिटिश सरकार की सहायता करने की अपील की। ऐसी ही अपील महात्मा गांधी ने भी की। यह सैद्धांतिक रूप से ठीक ही था, इससे ब्रिटिश सरकार को यह भी संकेत मिलने की संभावना थी कि वह भी भारतीयों के लिए सिद्धांतों का पालन करे।

भारतीय स्वतंत्रता का आंदोलन महात्मा गांधी के हाथों में आने से दादाभाई ने प्रसन्नता व्यक्त की। उन्हें आशा ही नहीं, पूर्ण विश्वास हो चला था कि अब भारत का राजनीतिक आंदोलन नितांत भारतीय सिद्धांतों के साथ आगे बढ़ सकेगा। दादाभाई ने गांधीजी के दक्षिण अफ्रीका में किए गए कार्यों की प्रशंसा की।

□

होमरूल लीग में योगदान

कांग्रेस के विभाजन की पीड़ा ने दादाभाई को बहुत कष्ट दिया था और वे चाहते थे कि राष्ट्रीय आंदोलन की लड़ाई एकजुट होकर लड़ी जाए, क्योंकि इससे जल्दी ही परिणाम आने की संभावना थी। उन्होंने अनेक वरिष्ठ नेताओं से अपनी यह पीड़ा व्यक्त भी की, जिनमें महात्मा गांधी भी थे। राष्ट्रीय आंदोलन की एकजुटता के लिए विचार गांधीजी के आने के बाद ही आरंभ हुए, जिससे स्पष्ट है कि गांधीजी ने दादाभाई की इस इच्छा को समझ लिया था।

उसी समय भारत में कार्यरत थियोसोफिकल सोसाइटी की प्रचारक ऐनी बेसेंट ने भारतीय अधिकारों की माँग और समर्थन करते हुए 'होमरूल लीग' की स्थापना की। इस लीग में स्वशासन की माँग को प्रबलता से उठाया गया था। इस संस्था के गठन में एक नई संभावना को भी देखा गया। शीर्ष नेताओं ने इस संस्था के द्वारा राष्ट्रीय आंदोलन को एकजुट करने का विचार बनाया और देश के सभी छोटे-बड़े राजनीतिक दलों को एक जगह मिलाकर होमरूल लीग बनाने का कार्य शुरू हुआ।

आरंभ में यह समस्या आ गई कि इस संस्था से अन्य दल क्यों जुड़ें, इसका कोई ठोस कारण भी तो होना चाहिए। निर्णय हुआ कि दल की अध्यक्षता किसी ऐसे नेता को सौंपी जाए, जिसके नाम पर सभी दल एकमत हो जाएँ। उस समय नरम दल, गरम दल, मुसलिम लीग, हिंदू महासभा और सोशल सर्विस लीग आदि अनेक छोटे-छोटे दल थे। असंगठित राजनीति में

ऐसा कोई राष्ट्रीय चेहरा एकमात्र दादाभाई नौरोजी ही थे, जिनके नाम पर सबकी सहमति बन सकती थी। ऐनी बेसेंट इस विषय को लेकर उनसे मिलीं और उन्हें अपने उद्देश्य से अवगत कराया।

''आप इस देश के पुराने नेता हैं और सारा देश आपका बहुत सम्मान करता है। हम चाहते हैं कि भारतीय राजनीतिक आंदोलन एकजुट हो, जिससे पूर्ण स्वराज्य का स्वप्न शीघ्र ही पूरा हो सके। आप स्वयं जानते हैं कि वर्तमान में भारत का राजनीतिक आंदोलन बिखराव की दिशा में है। हम आपसे विनयपूर्वक यही चाहते हैं कि आप लीग का अध्यक्ष पद स्वीकार करें और सबको एकजुट होने के लिए प्रेरित करें।''

दादाभाई की आयु इस समय 91 वर्ष थी और शारीरिक रूप से वे निष्क्रिय ही थे, लेकिन जब एकजुटता की बात आई तो भारतीय राजनीतिक आंदोलन के पितामह दादाभाई नौरोजी ने सहर्ष स्वीकृति दे दी, यद्यपि उन्होंने लीग के नेताओं से अपनी शारीरिक असमर्थता का जिक्र भी किया।

''देखिए, शारीरिक रूप से अब मैं देश की सेवा करने में असमर्थ हूँ, लेकिन आपका उद्देश्य महान् है और मैं हृदय से इसमें आपका सहयोग करने के लिए प्रस्तुत हूँ। मेरा सौभाग्य होगा कि मेरे अंतिम समय में मुझे देश की सेवा करने का अवसर मिले।'' दादाभाई ने कहा, ''अत: लीग का अध्यक्ष बनना मुझे स्वीकार है, लेकिन मुझे लिखने और पढ़ने एवं भाषण आदि देने का कार्य न सौंपा जाए।''

''आपका नाम ही इस उद्देश्य की पूर्ति के लिए पर्याप्त होगा।''

''साथ ही मेरी एक शर्त भी है कि लीग को कांग्रेस के उद्देश्यों के अनुसार ही कार्य करना होगा।''

''हमें स्वीकार है।''

दादाभाई ने अपने जीवन के अंतिम क्षणों में भी देश के प्रति अपनी निष्ठा को बड़े उत्साह से निभाया।

होमरूल लीग ने घोषणा कर दी कि इसके पहले अध्यक्ष दादाभाई होंगे और इसके लिए उनकी स्वीकृति मिल चुकी है। कांग्रेस के नरम नेता

इस घोषणा से आश्चर्य में पड़ गए कि कांग्रेस के जनक माने जानेवाले और पथप्रदर्शक रहे दादाभाई किस कारण दूसरी संस्था बना सकते थे! उन्हें लगा कि यह कोई षड्यंत्र था, जो कांग्रेस के अस्तित्व को मिटा देना चाहता था और दादाभाई का नाम लेकर गरम दलवालों ने ऐसा किया था।

नरम दल के नेताओं ने दादाभाई से मुलाकात की।

''यह सत्य है कि राष्ट्रहित में मैंने इस संस्था का अध्यक्ष बनना स्वीकार किया है, जिससे राजनीतिक आंदोलन एकजुट हो सके। स्वराज्य का लक्ष्य एकजुट आंदोलन से ही प्राप्त किया जा सकता है।''

''लेकिन इससे कांग्रेस प्रभावित होगी।''

''नहीं, मेरी कुछ शर्तें थीं, जिन्हें ऐनी बेसेंट ने स्वीकार कर लिया है। नई संस्था कांग्रेस के ही अंदर होगी, कभी कांग्रेस के खिलाफ नहीं जाएगी।''

सबने दादाभाई की बात का सम्मान किया। कांग्रेस के सन् 1916 के अधिवेशन में, जो कि लखनऊ में अंबिका चरण मजूमदार की अध्यक्षता में हुआ था, नरम दल और गरम दल में एकता हुई तथा मुसलिम लीग ने भी कांग्रेस से मिलकर एक संयुक्त समिति की स्थापना की। इस तरह भारत में एक बार फिर राजनीतिक आंदोलन एकजुट हो गया, जिसकी अपार इच्छा दादाभाई नौरोजी को हो रही थी। दादाभाई ने जीवन के अंतिम पड़ाव पर भी अपनी जिजीविषा और समर्पण भावना से महान् लक्ष्य प्राप्त कर लिया था।

□

अंतिम यात्रा

दादाभाई नौरोजी की आयु 92 वर्ष होने जा रही थी। उनके 91वें जन्मदिन 4 सितंबर, 1916 को सारे देशवासियों ने उन्हें अनेक शुभकामना संदेश भेजे और उनके शीघ्र स्वस्थ होने की कामना की। ऐसे विलक्षण विद्वान् और देशहित में समर्पित महापुरुष के लिए सबकी यही प्रार्थना थी कि वे अधिक-से-अधिक उनका मार्गदर्शन करें और जिस लक्ष्य को लेकर उन्होंने अपना जीवन ही न्योछावर कर दिया था, उसे प्राप्त करें। जीवन का एक शाश्वत सत्य मृत्यु है और इसे हर जीव को स्वीकार करना ही पड़ता है। दादाभाई ने जीवन भर ही सत्य का अनुसरण किया तो फिर वे भला इस सत्य को कैसे नकार सकते थे। उनके हिस्से का कार्य संपन्न हो चुका था। आगाज करके वे यहाँ तक आ गए थे और अंजाम तक पहुँचाने का दायित्व किसी और को पूरा करना था।

30 जून, 1917 को भारतीय राजनीतिक आंदोलन के क्षितिज से दादाभाई नौरोजी नाम का सितारा जीवन-मृत्यु की शाश्वतता को स्वीकार करते हुए लुप्त हो गया, लेकिन अपने जीवनकाल में ही अपने प्रकाश का इतना विस्तृत प्रकीर्णन कर गया कि आनेवाले समय का हर मार्ग आलोकित था और उस पर चलनेवालों को किंचित् मात्र भी कोई परेशानी नहीं होनी थी। देश के राजनीतिक आंदोलन को सही दिशा भी मिल गई थी और उचित नेतृत्व भी।

दादाभाई के निधन की खबर पल भर में जंगल की आग की तरह बंबई शहर की सीमाओं को लाँघती हुई सारे देश और इंग्लैंड तक फैल गई। सारे

देश में शोक की लहर दौड़ गई। वयोवृद्ध दादाभाई की मृत्यु की खबर ने देशवासियों को स्तब्ध कर दिया। जिसने भी सुना, वही शोकमग्न हो गया और उनके अंतिम दर्शनों के लिए दौड़ पड़ा। बंबई में उस दिन लाखों की भीड़ जमा हो गई थी। सरकारी कार्यालयों में अवकाश की घोषणा कर दी गई थी। आखिर दादाभाई ब्रिटिश संसद् के भूतपूर्व सदस्य थे।

इंग्लैंड में भी मौन रखकर दादाभाई की आत्मा की शांति के लिए प्रार्थना की गई और उन्हें श्रद्धांजलि दी गई। यह दादाभाई की अपार विद्वत्ता, निष्ठा और राष्ट्रप्रेम की भावना का सम्मान था। मृत्यु तो सभी को आती है और उस पर दुखी होनेवाले भी होते हैं, लेकिन यह केवल एक व्यक्ति की मृत्यु नहीं थी, बल्कि एक युग का अंत था। यह एक ऐसी क्षति थी, जिसकी यथाशीघ्र ही पूर्ति नहीं होनेवाली थी। अनुभवों का अथाह सागर, विचारों का भंडार और अवसरों का रचयिता महापुरुष अपनी अंतिम यात्रा पर निकल पड़ा था।

दादाभाई की शवयात्रा में मानो पूरा बंबई शहर उमड़ आया था। लोग उनके दर्शन करके उनकी जय-जयकार कर रहे थे। सबकी जुबान पर केवल उन्हीं की चर्चा थी। शवयात्रा में शामिल अंग्रेज अधिकारियों के अनुसार दादाभाई नौरोजी अपने आप में एक संपूर्ण राष्ट्र थे, जिसने एकबारगी तो इंग्लैंड को भी जीत लिया था।

पारसी रीति-रिवाजों के अनुसार दादाभाई का अंतिम संस्कार किया गया। अंततः उनका शरीर भस्मीभूत होकर अपने सृजनहार से जा मिला।

दादाभाई नौरोजी का निधन राष्ट्रीय आंदोलन के लिए एक अपूरणीय क्षति थी। उन्होंने अपने जीवन में स्वतंत्रता के जो मानक स्थापित किए थे, उन पर चलकर ही भारत को पूर्ण स्वराज्य मिला। सत्य, अहिंसा और सत्याग्रह जैसे अस्त्र वैसे तो हमारे भारतीय दर्शन में युगों-युगों से अचूक और अकाट्य बताए गए हैं, लेकिन दादाभाई ने इन्हें उस समय अपनाया, जब भारत पर शासन करनेवाली विदेशी सरकार हठधर्मिता और शोषण पर पूरी तरह आमादा थी।

यह सत्य की ही शक्ति थी कि दादाभाई ने अपने आंदोलन का प्रारंभ इस विश्वास से किया कि राजा और प्रजा के संबंधों में भूल-चूक हो जाती

है और सामर्थ्यवान् इसे सुधार लेते हैं। उनका इंग्लैंड जाकर ब्रिटिश सरकार से भारतीय हितों की बात करना, इसी विश्वास भरे सत्य पर टिका था। अपने अथक परिश्रम से भारत के मानवीय अधिकारों की पैरवी उन्होंने सत्य तथ्यों और साक्ष्यों के आधार पर की। उनके अनुभवों और प्रतिक्रियाओं ने राष्ट्रीय आंदोलन के उत्तराधिकारियों के लिए एक स्पष्ट मार्ग और नीति तैयार करके दी, जिस पर केवल निष्ठा से आगे बढ़ते रहना था।

महात्मा गांधी ने इन्हीं सत्य, अहिंसा और सत्याग्रह के महास्त्रों तथा अपने पितातुल्य दादाभाई नौरोजी के अनुभवों को आत्मसात् करके ही ब्रिटिश सरकार की जड़ें हिलाकर रख दीं। महात्मा गांधी ने दादाभाई के निधन पर यही संकल्प लिया था कि अब वे राजनीतिक आंदोलन के पितामह दादाभाई के बताए मार्गों पर चलकर राष्ट्राधिकारों को प्राप्त करेंगे।

दादाभाई की जीवन भर की उपलब्धियाँ प्रत्येक अर्थ में बड़ी अद्‌भुत थीं। वे साधारण परिवार में जन्में असाधारण व्यक्तित्व के धनी थे। वे भारतीय शिक्षा के इतिहास में प्रथम प्राध्यापक थे। वे पहले भारतीय थे, जो ब्रिटेन की लोकसभा के लिए अंग्रेज मतदाताओं द्वारा चुने गए। दादाभाई ही वे पहले व्यक्ति थे, जिन्होंने अपनी विलक्षण योग्यता से भारत में प्रति व्यक्ति आय का आकलन किया और संपन्न भारत के गरीब भारतीयों की दयनीय दशा के साथ सरकार के शोषण की पोल खोली।

दादाभाई नौरोजी ने जो संघर्ष किया, उससे राष्ट्र को नई चेतना और नए आत्मविश्वास की प्राप्ति हुई। दादाभाई ने अपने जीवन का हर क्षण अपने परम श्रद्धेय राष्ट्र के चरणों में अर्पण कर दिया। ऐसे महान् जननायक के प्रति श्रद्धापूर्ण रहना और उसके आदर्शों का अनुसरण करना ही प्रत्येक भारतीय का कर्तव्य है और यही उनके प्रति सच्ची श्रद्धांजलि भी है।

□□□